기획의
감각

국내 1세대
A&R 프로듀서
정병기가 써내려간
기획의 세계

정병기
Jaden Jeong

기획의
감각

21세기북스

추천의 말

★★★★★ 가요라는 이름이 K-POP이라는 문화 현상으로 불리게 된 지금까지, 그 시간 위를 쉼 없이 달려온 한 기획자의 궤적이 여기에 있다. 새롭고 재밌는 것을 세상에 내놓기 위해 얼마나 많은 고민과 투쟁이 있었는지, 스스로를 얼마나 괴롭혔는지를 담담히 들려주는 이 책이 반갑고 감사하다. 그의 고백 덕분에, 이 순간에도 K-POP은 계속 확장되고 있다.

모노트리 대표 황현

★★★★★ 밴드 넬의 멤버인 나와 대표적인 아이돌 기획자 정병기의 관계를 의아해하는 사람들도 있을 것이다. 하지만 단언컨대, 그는 내가 알고 있는 사람 중, 뮤지션과 음악에 대한 이해도가 가장 높은 사람 중 한 명이자, 창작자로서의 답답함을 느낄 때 가장 먼저 이야기를 나누고 싶은 친구이기도 하다.

트렌드를 읽어내는 능력과 그보다 한 발 더 내디디고자 하는 욕구, 신선함을 추구하는 성격과 이를 실행에 옮길 수 있는 추진력. 꾸밈없이 솔직한 이 책은, 기획자를 꿈꾸는 이들뿐 아니라, 현재 활동하고 있는 창작자들에게도 매우 유의미하게 다가온다.

넬 김종완

★★★★★ "아티스트의 꿈을 보란 듯이 현실로 데려와 주는 사람."

정병기 대표님에 대해 감히 한 줄 정의 내리자면 저는 이 문장으로 대표님을 소개하고 싶습니다. 대부분의 사람들이 'Yes'할 때 거침없이 'No'하며 다시 한번 생각하게 해준 사람, 대부분의 사람들이 'No'할 때 'Yes'를 외치며 내게 힘을 실어준 사람. 그렇게 2016년부터 2018년까지의 헤이즈가 존재했습니다.

뮤지션으로서뿐 아니라 한 사람으로서 존중받으며, 개인적 삶의 역량까지도 넓히는 방법을 알게 해주신 덕분에 저는 여전히 그 힘으로 활동하고 있다고 믿고 있습니다. 진심으로 아티스트와 함께 따뜻한 전성기를 만들어가고자 하는 제작자분들께, 이 책을 자신 있게 추천드립니다.

가수 헤이즈

★★★★★ 이 책을 읽으며 무대 위에서 제가 느꼈던 수많은 순간들이 떠올랐습니다. 대표님은 언제나 팬들이 몰입할 수 있는 이야기와 캐릭터를 만들어주셨고, 그 안에서 저는 단순한 가수가 아니라 하나의 세계관 속 주인공으로 성장할 수 있었습니다.

하지만 캐릭터를 향한 우리의 몰입만큼, 그 캐릭터를 만드는 제작자의 괴짜 같은 과몰입이 필요합니다. 《기획의 감각》에는 제가 옆에서 지켜본 치열한 고민과 용기가 고스란히 담겨 있습니다. 이 책은 아티스트뿐 아니라 꿈을 무대 위 현실로 바꾸고 싶은 모든 사람에게 큰 영감이 될 것이라 확신합니다.

아르테미스 희진

★★★★★ K-POP 그룹 tripleS의 일원으로서 가까이에서 대표님의 고민과 결단을 지켜볼 수 있었던 건 제게 많은 것을 느끼게 해준 시간이었습니다. 많은 선택의 순간마다, 단순히 회사를 세우는 것을 넘어 새로운 K-POP 시대를 열어가려는 대표님의 진심을 느낄 수 있었습니다. 그 여정은 이 책 속에 온전히 담겨 있습니다.

저 또한 대표님의 여정 속에 함께하게 된 사실이 큰 의미로 다가왔습니다. 팬분들은 무대 뒤에서의 열정과 진심을 발견하실 것이고, 업계 관계자분들은 새로운 영감을 얻으실 거라고 생각합니다. 이 책이 여러분들께도 새로운 길을 걸어갈 힘이 되어주기를 바랍니다.

트리플에스 윤서연

PROLOGUE
기획은 멋있지 않다, 고통스럽기만 하다

내가 감히 기획에 대해 이야기할 자격이 있을까? 나조차 새로운 기획을 시작할 때마다 괴롭기만 한데 말이다. 하지만 분명한 사실이 있다. 그 괴로움을 견뎌야만 좋은 기획이 나온다는 것이다.

좋은 기획은 다양한 방향에서 나온다. 때로는 게으름 속에서 번뜩이는 아이디어로, 때로는 부지런함 끝에서 정리된 생각으로도 나온다. 정보의 홍수 속에서 생기기도 하고, 오히려 정보의 차단 속에서 만들어지기도 한다. 허름하고 외로운 방에서 나올 수도 있고, 근사한 고급 리조트에서 나올 수도 있다. 그만큼 기획과 아이디어, 생각은 제멋대로인 데다 길들여지지 않는다. 그래서 그 과정은 언제나 괴롭게 느껴진다.

이 책의 내용은 화려한 기획 성공담이 아니다. 기획은 멋있지 않고, 그저 괴로울 뿐이라는 사실에 대한 솔직한 기록이다. 이 책의 매 페이지는 기획의 괴로움에 대한 일기이자, 괴로움의 이유, 혹은 당신만 괴로운 게 아니니 괜찮다는 위로일 수도 있다.

나도 매번 기획 앞에서 괴로움을 느끼지만, 나보다 앞서 시대를 이끌었던 위대한 기획자들은 더 큰 괴로움을 견뎌냈을 것이다. 그렇다면 우리 역시 기획의 괴로움을 견딜 수밖에 없다는 것을 인정해야 한다. 기획은 괴롭다. 그리고 그 지루하고 잔인한 과정을 끝내 버텨내야만 한다.

그렇다면 우리는 그 괴로움을 끝내 견딜 수 있을까? 그리고 그 끝에서 어떤 기획을 만들어낼 수 있을까? 이 책은 바로 그 질문에 대한 나의 기록이다. 이 글이 음악의 기획, 아이돌의 기획이라는 특정한 영역에서 시작되었지만, 더 보편적인 아이디어와 기획으로 확장되는 데 작은 영감을 줄 수 있기를 바란다.

CONTENTS

추천의 말 004

PROLOGUE 기획은 멋있지 않다, 고통스럽기만 하다 **006**

PART 1 기획과 캐스팅의 비밀

시장 분석과 컨셉 기획 012
가능성 발굴과 트레이닝 시스템 029
팀 빌딩과 데뷔 플랜 044
음반 제작과 프로듀싱 060

PART 2 데뷔와 브랜딩

데뷔 앨범과 타이틀곡 선정 076
팬 소통과 커뮤니티 088
콘텐츠 제작과 확장 099
리스크 관리와 이미지 메이킹 111

PART 3   확장과 실험, 그리고 도전

유닛, 솔로, 콜라보 126
팬 참여형 아이돌 138
메가 그룹, 대규모 인원 그룹 151
굿즈와 IP 비즈니스 163

PART 4   글로벌 K-POP

해외 시장 분석과 타게팅 178
월드투어와 해외 프로모션 190
지속 가능한 K-POP 201
나의 A&R 철학 211
기획, A&R의 본질을 꿰뚫다 221

EPILOGUE 기획하는 인간으로 살아가기: 괴로움을 즐기는 법 **232**

PART 1

기획과 캐스팅의 비밀

시장 분석과 컨셉 기획

가능성 발굴과 트레이닝 시스템

팀 빌딩과 데뷔 플랜

음반 제작과 프로듀싱

시장 분석과
컨셉 기획

아이돌 그룹 제작을 위한 시장 트렌드 읽기
아무것도 없는 상태에서 K-POP 프로젝트의 방향성을 잡는 일, 정말 막막하고 어려운 일이다

시장 트렌드, 현상 너머의 본질을 읽는 법

현재 음악 시장과 엔터테인먼트 시장의 전반적인 흐름을 파악하고 분석하는 것이 모든 기획의 출발점이다. 여기에는 유행하는 음악 장르뿐만 아니라 콘텐츠 소비 방식의 변화, 팬덤 문화의 진화, 그리고 사회문화적 흐름에 대한 총체적인 이해가 포함된다.

물론 지금 어떤 음악이 유행하는지는 늘 지켜보고 있다. 하지만 그 유행에 무작정 끌려다니는 것은 좋지 않다고 생각한다. 오히려 유행을 피해 새로운 기회를 찾기 위해 현재의 흐름을 참고하는 정도이다.

트렌드에 편승하는 기획은 수많은 비슷한 그룹 중 하나로 남을 가능성이 높다. 나는 유행을 따라 하기 위한 참고가 아닌, 유행을 피해가기 위한 데이터로 활용한다.

트렌드 분석은 표면적인 현상에만 머물러선 안 된다. 2000년대 후반 '꽃미남 아이돌'이 주류이던 시절, JYP는 짐승돌 2PM을 기획했다. 이는 당시 유행하던 비주얼 컨셉과는 정반대에 위치한 시도였다. 이런 파격적인 기획이 가능했던 이유는 겉으로 보이는 트렌드 대신 그 너머에 있는 시대정신을 읽었기 때문이다.

10~20대의 근본적인 고민에 귀 기울이기

시간이 지날수록 아이돌 기획에서 가장 중요하다고 느끼는 부분은 바로 10대와 20대의 생각이다. 그런데 단순히 '요즘 10대 20대가 어떤 아이돌을 좋아할까?' 같은 취향에 대한 단편적인 고민보다는, 이들이 현재 무엇을 고민하며 살아가고 있는지에 대한 더 근본적인 통찰이 필요하다.

내가 만들어야 할 아이돌의 경쟁자는 이미 활동 중인 다른 아이돌들이 아니라고 생각한다. 오히려 지금 젊은 세대가 겪는 삶의 고단함과 팍팍한 현실이 가장 큰 경쟁자라고 본다. 이들은 학업, 취업, 관계 등 여러 방면에서 끝없는 경쟁에 내몰려 있고, 그로 인한 피로감이 상당하다. 그리고 나는 이것이 바로 기회가 될 수 있다고 믿는다. 그들의 고단하고 팍팍한 삶에서 잠시나마 벗어나게 해줄 수 있는 감정적 도피처를 제공하는 것이 기획의 핵심이라는 거다. 이 관점에서 보면, 내가 기획한 걸그룹 트리플에스는 다른 아이돌 그룹을 레퍼런스로 삼지 않았다. 대신 동시대 젊은 세대의 욕망과 고민을 레퍼런스로 삼았다.

음악을 넘어선 라이프스타일

유행을 볼 때도 음악 분야만 들여다보지 않는다. 사람들이 살아가는 방식의 변화, 즉 사회와 기술의 진보가 만들어내는 나비효과에 주목한다. 특히 음악이 아닌 분야들의 흐름을 더 예민하게 살피고 배우려고 노력한다. 소비 방식의 변화, 미디어의 진화, 사회적 이슈 등에서 아이디어를 얻어 아이돌 기획과 연결하는 것을 즐긴다고 해야 할까. 특히 음악이 아닌 분야들에서 더 많은 영감을 얻는다. 결국 내가 만드는 건 콘텐츠이기 때문에, 사회나 동시대의 흐름에서 아이디어를 얻어 아이돌과 연결하는 것을 좋아한다.

2PM의 경우 (이미 10년이 훌쩍 넘은 이야기지만) 당시 나는 젊은이들이 모이는 서울의 주요 거리를 분석하며 기획을 구상했다. 당시 샤이니는 압구정의 세련된 느낌, 빅뱅은 홍대의 자유분방한 감성, 슈퍼주니어는 강남역의 트렌디함이 느껴졌다. 그렇다면 2PM은 어떤 느낌으로 만들까 고민하다가, 코엑스몰의 느낌을

떠올렸다. 너무 유흥적이진 않으면서도 세련되고, 놀 줄 아는, 딱 그런 느낌. 실제로 코엑스몰에 자주 다니며 그곳에 있는 젊은 남성들의 스타일과 분위기를 관찰하고 기획에 반영했다. 기획은 음악적 트렌드가 아닌, 사회와 시대의 소비 방식에서 출발할 때 더욱 독창적인 결과물을 만들어낼 수 있다.

트리플에스, 365일 멈추지 않는 콘텐츠의 필요성

현재는 너무나도 많은 콘텐츠가 쏟아져 나오고 있어 오히려 소비자의 몰입을 방해하는 '과잉 콘텐츠 시대'이다. 정말 수많은 콘텐츠가 쏟아져서 사람들이 한 곳에 몰입하기 어렵다고 생각한다. 조금이라도 활동 공백기가 생기면 사람들의 마음을 사로잡을 다른 무언가가 바로 치고 들어온다. 이러한 시대적 흐름에 대한 깊은 고민 끝에, 365일 쉬지 않고 활동하는 아이돌이 필요하다고 생각했다. 항상 팬들과 소통하고,

새로운 콘텐츠를 끊임없이 제공하여 팬심이 식을 틈을 주지 않는 것이다. 이처럼 트리플에스는 '멈추지 않는 콘텐츠'라는 개념을 중심으로 기획된 프로젝트이다.

이러한 기획 방식은 유행을 좇는 것을 넘어, 우리 삶의 근본적인 부분에서 새로운 아이디어를 창출하는 데 중점을 둔다. 음악 콘텐츠를 넘어 시대의 흐름을 담아내는 것이야말로 지속 가능한 성공을 위한 핵심이라고 생각한다.

초기 컨셉 설정
팀의 이름부터 컨셉, 서사까지 하나의 브랜드를 만들어내는 과정은 정말 신기하고 재미있는 일이다

하나의 컨셉

아이돌을 만들면서 가장 중요하게 생각하는 건 바로 하나의 컨셉을 잡는 것이다. 때로는 어떤 컨셉인지보다, 한 번 정해진 컨셉을 끝까지 밀고 나가 팬들에게 혼란을 주지 않는 것이 더 중요하다고 생각한다.

하지만 요즘 아이돌 제작은 분업화되고 전문화되면서 한 명이 아닌 여러 사람이 컨셉에 대한 의견을 내는 경우가 많다. 그러다 보니 하나의 방향으로 컨셉이 만들어지지 않거나, 어렵게 정했더라도 그 방향대로 쭉 밀고 나가기 어려운 시대가 됐다. 이것저

것 좋은 재료는 다 들어갔지만 정작 뾰족한 맛은 사라지는 경우가 많다. 나는 그래서 하나의 브랜드는 한 명의 독재자에 의해 완성되어야 한다고 믿는다. 죽이 되든 밥이 되든, 모두를 만족시키기보다는 특정 포인트를 극대화해야 성공하는 것처럼.

특히 아무도 주목하지 않는 신인이나 자본이 부족한 회사의 경우, 이 원칙이 더욱 중요하다. 대중의 관심도 회사의 자본도 한정적인 상황에서 이것저것 다 챙기려고 밸런스를 맞추다 보면 그룹의 뾰족함이 사라지기 때문이다.

'이달의 소녀'는
어떻게 탄생했나

'이달의 소녀'를 기획할 때는 콘텐츠에 모든 역량과 자원을 집중했다. 극단적으로 콘텐츠 제작 외의 비용은 거의 쓰지 않았을 정도다. 심지어 대부분의 회사가 필수적으로 진행하는 유튜브 광고조차 돌리지 않았다. 이런 제안은 일반적인 회사에서는 의사 결정 과정에서 받아들여지기 어렵다. 마케팅팀이 있는데 그들을 쉽게 하자는 얘기나 다름없으니 말이다.

나는 (혹시라도 남아 있을) 마케팅 비용까지 모두 끌어와 제작비에 올인했다. 그 결과 사람들은 '이달의 소녀'가 엄청난 제작비를 썼다고 생각하게끔 블러핑할 수 있었다. 한정된 자원을 가장 효율적인 곳에 '몰빵'함으로써 더 큰 효과를 만들어낸 것이다.

이달의 소녀 초기 기획은 매거진에서 영감을 얻었다. 내가 보던 한 매거진에 이달의 소녀 비슷한 코너가 있었다. 매달 새롭게 떠오르는 아름다운 모델을 소개하는 코너였는데, 그게 매우 신선하게 다가왔다. 아름다워서 눈길이 간 게 아니라, 새롭게 소개하는 소녀에 대한 호기심이 생겼기 때문이다. 이 컨셉이 신인 그룹을 대중에게 소개하는 데 아주 효과적이라고 생각했다.

매거진에서
판타지 세계관까지

그렇게 뼈대를 잡고 살을 붙여나갔다. 매달 한두 명씩 멤버를 소개하고 끝내는 건 재미없으니, 1년을 채울 수 있는 12명의 다인원 그룹을 구상했다. 그리고 이들을 소개하는 공간은 각 멤버의 개성을 온전히 보여줄 수 있는 솔로 싱글이어야 한다고 생각했다.

또한 매거진을 떠올린 만큼, 멤버들 간의 서사를 연결하는 작업이 중요했다. 지난달의 소녀와 이번 달의 소녀가 마치 배턴을 이어받듯 연결되는 스토리를 만들었다. 그리고 단순한 현실 세계를 넘어 판타지 세계관으로 확장하는 스토리를 구상했다. 서양 시장으로 나가기 위해서는 삼국지 같은 이야기보다는 해리 포터나 반지의 제왕처럼 글로벌하게 통용되는 '판타지' 서사가 필요하다고 판단했기 때문이다.

이 모든 기획과 제작을 혼자서, 단 한 명의 어시스턴트와 함께 했다면 믿기 어려울 것 같다. 하지만 사실이다. 나는 그 과정을 통해 다시 한번 확신하게 됐다. 다양한 사람들의 의견이 모인 그룹보다는, 한 사람의 명확한 비전으로 완성되는 컨셉이 훨씬 더 재미있고 강한 힘을 갖는다는 것을.

음악성 vs 비주얼
어떤 음악을 할 것인가 vs 어떤 이미지로 보일 것인가는 정말 많은 기획자들이 고민하는 부분이다

음악은 보조재일 뿐, 핵심은 캐릭터

음악은 당연히 중요하다. 하지만 지금의 K-POP에서 음악은 아이돌이라는 강력한 콘텐츠를 만들기 위한 보조재라고 생각한다. 오히려 음악이라는 가치를 뛰어넘는 캐릭터와 세계관을 구축했기 때문에 K-POP이 지금처럼 전 세계적으로 막강한 팬덤을 형성할 수 있었다고 믿는다.

해외 음악 관계자들이 종종 내게 묻는다. "도대체 어떻게 K-POP만이 전 세계적으로 강력한 팬덤을 보유하게 된 건가요?" 이 질문에 대해 음악만으로는 절대 온전히 설명할 수 없다. 나는 그 원천이 바로 '캐릭터의 힘'에 있다고 생각한다. 처음부터 아이돌을 캐릭터화하려고 했던 것은 아니었겠지만, 팬들의 강한 피드백을 어떻게 하면 더 이끌어낼 수 있을까를 집요하게 고민했던 결과물이 바로 지금의 아이돌 캐릭터 문화이다.

캐릭터 몰입도를 높이는 완성도의 힘

그렇다고 해서 음악이 중요하지 않다는 말은 결코 아니다. 오히려 음악과 퍼포먼스를 중심으로 한 '완성도'가 캐릭터 몰입도를 높이는 데 결정적인 역할을 한다고 생각한다. 아무리 매력적인 캐릭터를 만들어도, 그를 뒷받침하는 음악과 퍼포먼스의 완성도가 떨어진다면 팬들의 몰입도는 금세 떨어지게 된다.

팬들이 아이돌에게 몰입하는 이유는 여러 가지가 있지만, 가장 중요한 것은 일상의 스트레스에서 벗어나게 해주는 '몰입도'라고 생각한다. 단순히 좋은 음악을 듣는 것을 넘어, 내 시간과 돈을 기꺼이 쓸 만큼의 몰입도를 제공해야 한다. 휘트니 휴스턴의 노래를 좋아한다고 해서 그녀의 일거수일투족까지 궁금하지는 않지만, 아이돌에게는 이런 몰입이 가능하다. 팬들에게 아이돌은 단순히 노래를 부르는 가수가 아니라, 함께 성장하고 교감하는 '캐릭터'이기 때문이다.

몰입을 위해서는 좋은 음악만으로는 부족하다. 좋은 음악은 여가 시간의 한 부분이 될 수 있지만, 매일매일을 함께하는 몰입을 만들어내지는 못한다.

현실과 판타지의 경계, '아이돌'이라는 캐릭터

아이돌은 현실과 비현실의 경계에 있는 특별한 존재다. 지나치게 연극적인 설정도 팬들에게 거부감을 줄 수 있고, 지나치게 현실적인 모습만 보여줘도 특별함이 사라진다. 아이돌이 좋은 점은 바로 여기에 있다. 회사가 만들어준 이야기(설정)와 멤버 개개인의 실제 자아가 자연스럽게 섞여 새로운 캐릭터를 만들어내기 때문이다.

아이돌의 스타일링, 퍼포먼스 연출, 재킷 디자인 같은 비주얼 기획은 이 캐릭터를 가장 매력적으로 보여주는 중요한 장치다. 비주얼은 팬들에게 아이돌의 정체성과 세계관을 직관적으로 전달하는 '첫인상'과 같다.

예를 들어 힙합 그룹의 경우 자유로운 스트리트 패션과 강렬한 퍼포먼스로 그룹의 정체성을 보여줄 것이다. 반대로 청순 컨셉의 그룹은 깨끗하고 맑은 의상과 부드러운 안무로 서정적인 감성을 전달할 것이다. 이 모든 요소는 '예쁘고 멋있게' 보이는 것을 넘어, 그룹이 가진 음악적 메시지와 캐릭터를 시각적으로 구현하는 과정이다.

결국 K-POP 아이돌 그룹이 강력한 아이덴티티를 구축하기 위해서는 음악과 비주얼이 시너지를 내는 '캐릭터'를 만드는 것이 가장 중요하다고 생각한다. 음악은 캐릭터의 세계관을 담아내는 핵심적인 도구가 되고, 비주얼은 그 캐릭터를 가장 매력적으로 보여주는 포장지가 되는 것이다. 이렇게 두 요소가 유기적으로 결합될 때 비로소 팬들은 아이돌에게 깊이 몰입하고, 강력한 팬덤을 형성하게 된다.

가능성 발굴과
트레이닝 시스템

수많은 연습생 중 될성부른 떡잎 찾는 법
스타가 될 잠재력을 가진 인재를 알아보는 특별한 촉

**'될성부른 떡잎'을
찾는 기준**

 많은 분들이 나에게 "노래나 춤 실력이 뛰어난 연습생을 어떻게 알아보나요?"라고 물어보시는데, 사실 내가 가장 중요하게 생각하는 건 노래나 춤 실력이 아니다. 내 나름대로 명확한 기준이 있어야만 흔들리지 않고 좋은 인재를 발굴할 수 있다고 생각한다.

 트리플에스의 경우, 처음부터 아예 노래와 춤 실력은 보지 않고 매력과 외모만 보겠다는 기준을 세웠다. 물론 오디션에 와서 노래나 춤을 선보인 연습생도 있었겠지만, 적어도 나는 그 영상들을 전혀 보지 않았다. 그냥 사진과 짧은 영상만 보고 직접 만나서 이야기를 나누며 인터뷰를 진행했다.

이런 기준을 세운 이유는, 완벽하게 갖춰진 아이돌보다는 성장하는 모습을 보여주고 싶었기 때문이다. 첫 번째 멤버인 서연의 경우는 춤도 노래도 한 번도 배워본 적이 없었다. 하지만 오히려 그 점이 더 좋았다. 이미 모든 것이 완벽한 실력자들보다는, 팬들이 '과연 저 친구가 잘할 수 있을까?' 하고 걱정하면서도 응원하는 아슬아슬한 모습을 보여주고 싶었다. 초창기 팬들이라면 이 성장 과정을 함께 지켜보며 느꼈던 몰입감과 즐거움이 분명 있었을 것이다. 나는 지금 당장의 실력 자체보다는 성장 가능성과 잠재력에 더 주목하는 편이다.

인성과 매력, '될성부른 스타'의 조건

내가 아픈 손가락처럼 생각하는 그룹 온리원오브를 기획할 때는 또 다른 기준이 있었다. 바로 '가장 인성이 괜찮은, 착한 아이들을 뽑자'는 원칙이었다. 물론 실력도 중요했지만, 그보다 인성이 가장 중요한 원칙이었다. 아무리 잘생기고 실력이 뛰어나도 인성이 좋지 않은 연습생은 과감하게 포기했다. 인성이야말로 때론 자의적인 판단일 수 있기에 결점 없는 인성을 골라냈다기보다는 선생님들이나 주변 사람들에게 평가가 좋고 선함이 느껴지는 아이들을 뽑았다. 아이돌은 결국 팬들과 소통하고 함께하는 직업이기에, 좋은 인성은 스타로서의 필수적인 자질이라고 생각하기 때문이다.

그리고 또 내가 중요하게 여기는 건 바로 '매력'이다. 여기서 말하는 매력은 외모를 뜻하는 게 아니라, 계속해서 이야기를 나누고 싶은 마음이 드는 무언가를 의미한다. 아무리 노래를 잘하고 춤을 잘 추고 외모가 뛰어나도, 대화가 이어지지 않고 흥미가 생기지 않는 친구들이 있다. 반대로 엄청난 실력이 없더라도 자꾸만 더 알고 싶어지고 궁금증을 유발하는 친구들이 있다. 나는 이런 매력을 가진 친구들에게 더 마음이 끌린다.

실력 너머의 '본질'을 보는 눈

연습생을 발굴할 때는 실력만 보는 것이 아니라 잠재력, 인성, 그리고 매력이라는 세 가지 요소를 복합적으로 고려한다. 완벽한 모습보다는 성장하는 '스토리'를 보여줄 수 있는 가능성. 팀 활동과 팬들과의 관계에 있어 가장 중요한 근간이 되는 '착함'과 '선함'. 사람들의 호기심을 자극하고 '더 알고 싶은' 마음이 들게 하는 힘.

나는 노래와 춤 실력이라는 당연히 갖추어야 할 기본적인 요소보다는 그 사람의 본질적인 매력과 태도에 더 집중한다. 실력 있는 연습생을 뽑는 것을 넘어 '스타'로서의 가능성을 보고 육성하는 것. 이것이 바로 스타를 발굴하는 나의 노하우라면 노하우라고 할 수 있겠다.

보컬, 댄스, 퍼포먼스: 트레이닝의 모든 것
개성을 살리면서도 데뷔에 필요한 역량을 끌어올리는 트레이닝 시스템

'실전 경험'이 최고의 트레이닝

　많은 분들이 연습생들이 데뷔하기 전에 얼마나 오랜 시간을 연습실에서 보냈는지 궁금해한다. 사실 나는 연습실에서 오랜 시간을 보내는 것을 지양하는 편이다. 나만의 철학이 있다면 '실전'이 최고의 트레이닝이라는 것이다.

　연습실에서 완벽한 상태를 만들려다 보면 오히려 신선함이 떨어지고 자칫 매너리즘에 빠질 수 있다. 그래서 나는 연습생들을 최대한 빨리 실전에 투입하는 것을 선호한다. 물론 무작정 무대에 내보내는 건 아니고, 짧은 시간 동안 최고의 전문가들을 붙여

'벼락치기'를 시킨다.

트리플에스의 경우, 이 시스템이 가장 잘 적용된 케이스라고 할 수 있다. 멤버들이 한 명씩 공개될 때마다 그들이 보여주는 퍼포먼스나 무대매너를 보고 많은 분들이 놀랐다. 사실은 오랜 기간 트레이닝을 받은 것이 아니라, 데뷔 직전 짧은 기간에 집중적으로 훈련을 받은 결과였다.

개성을 살리는 맞춤형 훈련

각 연습생의 개성과 강점은 천차만별이다. 획일화된 시스템으로 모두를 똑같이 가르치면 그들만의 독특한 매력이 사라질 수 있다. 그래서 나는 개개인의 잠재력에 초점을 맞춘 맞춤형 훈련을 중요하게 생각한다.

실력적으로 부족한 부분을 채워나가는 것은 당연하지만, 밸런스가 잡힌 연습생을 만들기보다 특정 분야에서 독보적인 뾰족함과 무기가 갖춰진 연습을 지향한다. 노래를 잘하는 연습생이라도 단순히 노래를 잘하는 것에 그치지 않고, 아이돌로서 자신만의 색깔을 가진 목소리로 길러내려 한다. 춤을 잘 추는 아이도 범용적인 댄스 스타일에 갇히지 않고, 자신만의 춤선과 느낌'을 만들어내도록 방향을 명확하게 잡아준다. 단시간에 근본적인 춤 실력을 채우기 어려울 때는 표정과 자신감에 집중하여 무대 위에서 착시 효과를 일으키기도 한다.

이 과정에서 연습생들은 '나의 강점은 무엇인지' 스스로에게 끊임없이 질문하게 된다. 단순히 회사가 만들어주는 캐릭터가 아니라, 스스로의 질문을 통해 자신의 장점을 인지하고 발전시킬 때 비로소 진정한 아티스트로 성장할 수 있다. 팬들이 사랑에 빠지는 대상은 회사가 만든 캐릭터가 아닌, 자신의 본질적인 모습을 스스로 찾아낸 아티스트이기 때문이다.

트레이닝의 궁극적인 목표는 '성장하는 스토리'

 트레이닝의 궁극적인 목표는 데뷔에 필요한 실력을 완성하는 것이 아니라, 팬들에게 성장하는 스토리를 보여주는 것이라고 생각한다. 연습생들이 부족했던 부분을 채워나가고, 매 무대마다 조금씩 발전하는 모습을 팬들이 직접 지켜볼 때, 그 몰입감은 상상 이상이다.

 특히 이달의 소녀나 트리플에스처럼 멤버가 한 명씩 공개되는 시스템에서는 이런 성장 스토리가 더욱 빛을 발한다. 처음에는 모든 것이 낯설고 어색했던 멤버가 시간이 지날수록 능숙한 프로가 되어가는 과정을 보는 것 자체가 팬들에게 큰 즐거움을 준다. 무대에서 바로 실력을 다지는 '실전 중심의 벼락치기 트레이닝'은 이런 성장의 순간들을 만들어내는 방법이라고 할 수 있다.

 물론 이 시스템이 모든 그룹에 적합한 것은 아니다. 하지만 이 방법이 신선하고 파격적인 컨셉으로 대중의 이목을 끌어야 하는 그룹들에게는 매우 효과적이다. 완성된 결과만을 보여주는 것이 아니라, 성장하는 과정까지 콘텐츠로 만드는 것. 이것이 바로 내가 설계하는 트레이닝 시스템의 핵심이다.

멤버 각각의 매력을 살리는 퍼스널 브랜딩
뭉치면 살고, 흩어져도 빛나는 그룹으로 만들기

캐릭터의 시작,
겹치지 않는 개성

앞서 말씀드렸듯이, 나는 캐릭터가 아이돌의 가장 강력한 무기라고 생각한다. 2000년대 초반, 천계영 작가님이 〈오디션〉이라는 만화를 그리실 때 함께 음악에 대한 이야기를 나누며 많은 것을 배웠다. 그때 얻은 가장 큰 깨달음 중 하나가 바로 캐릭터를 잡는 방법이었다. 그때 천계영 작가님은 나에게 스머프 마을에 대해서 설명해주셨다. 파파 스머프, 똘똘이 스머프, 투덜이 스머프처럼 각자 캐릭터를 잡고 이야기를 만들어야 한다는 기본적인 원칙이었다.

나는 지금도 멤버들에게 항상 이야기한다. "너희

는 캐릭터 게임을 하고 있는 거야"라고. 단순히 노래하고 춤추는 것을 넘어, 스스로 어떤 캐릭터를 지향할 것인지 끊임없이 고민하고 대화한다. 여기서 가장 중요한 원칙은 캐릭터가 서로 겹치지 않게 유도하는 것이다.

예를 들어 '막내'라는 포지션만 봐도 그렇다. 모두가 생각하는 전형적인 '사랑스러운 막내'가 있는가 하면, 팀을 휘어잡는 '막내 온 탑' 캐릭터도 있고, 보호해주고 싶은 '댕댕이 막내' 캐릭터도 있다. 이처럼 다양한 가능성 속에서 각 멤버의 성향과 매력에 가장 잘 맞는 '니치Niche'를 찾아낸다. 춤선이 아름다운 멤버, 예능감이 뛰어난 멤버, 비주얼 담당, 시원한 고음을 담당하는 멤버, 투머치 토커, 실력이 조금 떨어져도 그걸 아슬아슬하게 지켜보게 되는 멤버 등, 각자의 강점을 극대화한 캐릭터를 만들어내는 것이다.

예명과 싱글 앨범,
강력한 '퍼스널 브랜딩'의 도구

퍼스널 브랜딩에서 가장 강력한 도구 중 하나는 바로 이름이라고 생각한다. 아이돌에게는 본명 외에 팬들에게 각인시킬 수 있는 독특한 예명이 필요할 때가 있다. 이달의 소녀 때 지었던 김립, 츄, 올리비아 혜 같은 이름들이 대표적이다. 처음에는 '이게 뭐지?' 하고 의아해하는 분들도 많았지만, 이런 실험적인 이름은 팬들에게 강한 인상을 남기고 그룹의 신비로운 컨셉을 더욱 강화하는 효과를 냈다. '지도준(트리플에스 지연의 예명 후보)'처럼 대중의 호기심을 유발하고 어그로를 끄는 이름도 의도적으로 사용했다. 이름 자체가 하나의 캐릭터가 되는 것이다.

개인 싱글 앨범을 발매하는 전략도 퍼스널 브랜딩에 매우 효과적이다. 이달의 소녀는 매달 한 명씩 멤버를 공개하며 개인 싱글 앨범을 발매했다. 멤버를 소개하는 것을 넘어, 팬들에게 각 멤버의 고유한 음악적 색깔과 비주얼 컨셉을 깊이 각인시키는 역할을

했다. 멤버 각각이 하나의 독립적인 브랜드로서 존재감을 가질 수 있도록 의도적으로 기획한 것이다.

이러한 전략은 그룹 활동 시에도 시너지를 발휘한다. 각 멤버가 확고한 개성을 가지고 있기에, 팀으로서 뭉쳤을 때 그들의 케미스트리와 조합이 더욱 특별하게 느껴진다. 예를 들어 청순하고 맑은 컨셉의 멤버와 시크하고 카리스마 있는 멤버가 함께 무대에 섰을 때 발생하는 의외의 조화는 팬들에게 새로운 즐거움을 선사한다.

자연스러움과
전략의 조화

물론 모든 캐릭터가 인위적으로 만들어지는 것은 아니다. 멤버들 사이의 관계에서 자연스럽게 생겨나는 케미와 조합도 중요한 캐릭터 요소가 된다. 티격태격하는 톰과 제리 케미, 서로를 챙겨주는 든든한 언니 동생 조합 같은 것들이다. 나는 이런 자연스러운 모습들을 놓치지 않고, 그 매력이 더욱 잘 드러날 수 있도록 전략적으로 콘텐츠를 기획하고 연출한다.

멤버 각각의 매력을 살리는 퍼스널 브랜딩은 그룹의 정체성을 강화하고 팬덤을 확장하는 데 필수적인 요소다. 멤버들이 스스로의 캐릭터를 찾고, 자신이 찾아낸 그 캐릭터가 팀 전체에도 좋은 영향이 되게끔 연결을 돕는 것. 이것이 내가 생각하는 가장 중요한 기획자의 역할이다.

그리고 솔직하게 말하자면 세상에서 가장 뾰족하고 치밀한 기획이라고 믿었던 것에도 뜻하지 않은 변수와 의도치 않은 의미들이 생겨난다. 그건 K-POP 산업이 결국 사람들이 모여 사람들을 통해서 사람들에게 결과물을 전하는 '살아 있는' 산업이기 때문이다.

팀 빌딩과
데뷔 플랜

멤버 간의 시너지
멤버들 간의 시너지를 극대화하고 팀의 정체성을 확립하려면

걸그룹 멤버들의 사회화

트리플에스를 기획할 때, 완벽하게 준비된 그룹을 보여주는 것보다 다양한 소녀들이 만나 서로 사회화되는 과정을 보여주는 재미를 팬들에게 선사하고 싶었다. 일반적인 아이돌 그룹은 이미 팀이 구성되고, 멤버 간의 관계가 어느 정도 형성된 상태에서 데뷔하는 경우가 많다. 하지만 나는 멤버들이 처음 만나는 순간부터, 서로 알아가고 관계를 형성하는 과정을 모두 공개하고자 했다.

이는 상당히 파격적인 시도였다. 팬들에게 '실험'이라고 말하면 불안해할 수 있기에 내색하진 않았지만, 사실 우리도 멤버들 간의 관계가 어떤 식으로 발전할지 전혀 예측할 수 없었다. 그래서 이 과정 자체가 하나의 흥미로운 '관계성 게임'이 될 거라고 생각했다. 멤버들이 서로에게 어떻게 반응하고, 어떤 조합을 만들어내는지 지켜보는 것만으로도 팬들에게는 큰 즐거움이 될 거라고 믿었다.

'하우스'라는 개념을 도입한 것도 이 때문이다. 모든 멤버가 함께 모여 생활하며 자연스럽게 관계를 맺고, 그들의 진짜 성격과 케미가 드러나기를 바랐다. 사실 자본이 충분했다면 진짜 24명이 함께 살 수 있는 큰 집을 짓고, 24시간 그들의 생활을 보여주는 리얼리티 프로그램을 만들고 싶었을 정도로 멤버들이 보여줄 자연스러운 관계 형성에 대한 확신이 있었다.

억지 설정 대신
진짜 캐릭터

일반적인 아이돌 기획에서는 리더, 막내, 비주얼

담당처럼 회사에서 멤버들의 캐릭터를 설정해주는 경우가 많다. 하지만 나는 이런 인위적인 설정보다 자연스럽게 형성되는 캐릭터가 훨씬 더 강력한 힘을 가진다고 생각했다.

서로 다른 배경과 성격을 가진 멤버들이 만나 부딪히고, 서로에게 영향을 받으면서 진정한 '나'를 찾아가는 과정. 그 안에서 자연스럽게 형성되는 리더십, 혹은 의외의 막내미(美) 같은 것들이야말로 팬들이 가장 깊게 몰입하는 지점이라고 믿었다.

이러한 접근 방식은 팬들에게 단순히 음악을 소비하는 것을 넘어, 멤버들과 함께 성장하고 그들의 관계를 응원하는 '참여형' 경험을 제공한다. 팬들은 멤버들이 서로에게 라포^{Rapport}를 형성하는 과정을 지켜보며 마치 친구의 성장을 보는 것처럼 뿌듯함을 느낀다. 이러한 감정적인 연결고리가 바로 강력한 팬덤을 형성하는 핵심이다.

가능성의 게임,
수많은 경우의 수

 트리플에스 기획의 가장 큰 매력은 바로 '가능성의 게임'이다. 24명의 멤버가 모여 만들어낼 수 있는 유닛 조합은 수없이 많다. 매 앨범마다 멤버들이 조합되어 새로운 유닛(디멘션)을 만드는 것은, 팬들에게 다음엔 어떤 멤버들이 함께할지 예측하는 재미를 준다.

 춤선이 아름다운 멤버와 독특한 음색을 가진 멤버가 만나 예상치 못한 시너지를 내거나, 전혀 다른 성격의 멤버들이 만나 귀여운 케미를 보여주는 등 팬들은 매번 새로운 조합에서 오는 신선함을 느낄 수 있다. 이는 그룹의 정체성을 한 가지로 규정짓지 않고, 끊임없이 확장하고 진화하는 모습을 보여줄 수 있게 한다.

 나는 멤버 간의 시너지를 극대화하기 위해 인위적인 설정보다는 '자연스러운 관계 형성'에 모든 것을 걸었다. 멤버들에 대한 믿음과 신뢰를 바탕으로 '진짜'를 보여줄 자신이 있었다. 멤버들이 서로 만나는 과정을 보여주고, 그 안에서 자연스럽게 형성되는 캐릭터와 관계성이야말로 진정한 시너지를 만들어내고, 팬들에게 깊은 몰입감을 선사하는 가장 효과적인 방법이라고 생각한다.

그룹의 세계관과 스토리텔링
이달의 소녀처럼 견고한 세계관을 구축하는 것과 트리플에스처럼 현실적인 서사를 만드는 것

'신비로움'의 마지막 세대, 이달의 소녀

이달의 소녀는 K-POP에서 최초로 세계관을 정교하게 정립한 그룹이라고 자부한다. 멤버 각자의 서사가 하나로 연결되는 방대한 세계관을 구축하기 위해 이야기, 음악, 뮤직비디오가 하나의 톱니바퀴처럼 맞물려 돌아가도록 설계했다.

이런 세계관을 다시 만들 수 있겠냐고 묻는다면, 아마 힘들 거라고 말씀드릴 수 있을 정도로 모든 요소가 완벽한 트라이앵글을 이루고 있었다. 하지만 솔직히 말하면, 이달의 소녀는 멤버들에게 개인적인 자유도를 거의 주지 않았다. 멤버 개개인의 삶이 아닌, '이달의 소녀'라는 거대한 이야기의 환상을 깨고 싶지 않았기 때문이다.

이는 어쩌면 이달의 소녀가 K-POP에서 신비주의 마케팅의 마지막 세대였기 때문에 가능했던 일일지도 모른다. 당시에는 팬들이 아이돌의 사소한 일상까지 모두 알 수 있는 지금과 달리, 소속사가 제공하는 콘텐츠 외에는 정보가 많지 않았다. 그래서 멤버들이 철저히 만들어진 캐릭터로서 존재할 수 있었다. 이런 신비로움은 팬들의 상상력을 자극하고, 세계관에 대한 몰입도를 극대화하는 강력한 장치였다.

신비로움이 불가능한 시대, '현실'에서 길을 찾다

하지만 시대가 바뀌었다. 지금은 소셜 미디어와 다양한 자체 콘텐츠(자컨)를 통해 아이돌의 일상이 너무 많이 노출된다. 멤버 개개인의 SNS 활동도 활발해졌다. 이렇게 투명해진 환경에서는 예전처럼 신비주의를 유지하며 견고한 세계관을 지키는 것이 거의 불가능해졌다. 오히려 팬들이 아이돌의 '진짜 모습'을 더 많이 알게 되면서, 기존의 세계관이 깨지거나 몰입도가 떨어지는 부작용이 생길 수도 있다.

이러한 시대적 변화를 인식하고, 나는 아예 방법을 바꿔야 한다고 생각했다. "어차피 신비로움으로 갈 수 없는 시대라면, 오히려 더 솔직하고 현실적인 모습을 보여주자!" 이렇게 다다른 결론에서 탄생한 것이 바로 트리플에스의 기획 방향이다.

트리플에스는 멤버들이 처음 만나는 과정부터 친해지는 과정, 서로 부딪히고 관계를 맺는 모든 과정을 가감 없이 보여준다. 팬들은 마치 친구의 성장을 지켜보듯, 멤버들이 사회화되어가는 과정을 함께 경험하게 된다. 이것은 이달의 소녀가 추구했던 신비감과는 정반대에 있는 전략이었지만, 나는 이것이 지금 시대의 K-POP 팬덤이 원하는 '진짜' 서사라고 확신했다.

세계관의 진화, '만들어진 이야기'에서 '함께 만드는 이야기'로

세계관과 스토리텔링을 기획할 때 가장 중요하게 생각하는 부분은 시대의 흐름을 읽고 그에 맞는 접근법을 선택하는 것. 몇 번을 강조해도 모자란 내용이기 때문에 다시 한번 외우듯 이야기를 해보자.

이달의 소녀는 철저하게 만들어진 세계관 안에서 멤버들이 각자의 서사를 연기하는 방식이었다. 팬들은 이들이 펼치는 거대한 판타지 이야기를 즐겼다. 트리플에스는 멤버들이 직접 만들어가는 현실의 서사를 중심으로 하고, 팬들이 그 이야기에 참여하고 함께 만들어가는 방식이다. 팬들은 멤버들의 성장을 응원하고, 그들의 관계성에 몰입하며 새로운 즐거움을 찾는다.

이처럼 세계관은 더 이상 회사가 일방적으로 제공하는 '정해진 이야기'가 아니다. 나는 팬들과 함께 호흡하고 소통하며 만들어가는 '진화하는 이야기'가 앞으로 K-POP 세계관의 새로운 방향이 될 것이라고 믿는다.

쇼케이스와 사전 프로모션 전략
데뷔 앨범을 발표하기 전 대중과 미디어의 관심을 확 끌어당기는 사전 프로모션 전략과 지금까지 해온 여러 실험적인 마케팅들

논쟁을 만드는 것이 마케팅의 시작

나는 기본적으로 일을 크게 벌이는 것을 좋아한다. 사람들이 '이게 가능해?'라고 궁금해하며 지켜보게 만드는 것이다. 나 자체도 지루한 것을 못 견디고 재미있는 도파민을 찾아다니는 성향이 강하다. 수많은 콘텐츠가 쏟아지는 이 시대에 대중의 관심을 끌려면, 그들의 흥미를 자극하고 화제와 관심사를 음악으로 끌어와야 한다.

그래서인지 내가 기획한 아이돌들은 유독 논쟁이 많다. 회사의 방향을 비난하거나, 여러 의견을 내고 참견하는 팬들이 많다. 나는 이런 논쟁을 만드는 것이 우리의 숙제라고 생각한다. 논쟁이 있다는 건, 그만큼 사람들이 관심을 갖고 있다는 뜻이니까. '김밥 만두'나 '클레어 정'처럼 의도적으로 대중의 궁금증과 반발심을 자극하는 것, 바로 '어그로'의 영역에 있다고 볼 수 있다.

특히 '클레어 정'이라는 이름은 내가 직접 지은 것이라고 명시하지 않았지만, 팬들은 단번에 내가 지은 이름이라는 것을 알아챘을 것이다. 그리고 '왜 예쁜 멤버에게 이런 촌스러운 이름을 붙였냐'고 반발하는 반응을 보며 나는 속으로 '재밌다'고 생각했다. 도준이라는 이름도 마찬가지다. 이런 독특한 이름들은 단순히 이름이 아니라 하나의 밈^{Meme}으로 남아 오랫동안 회자된다.

어그로가 가능한 이유,
본질에 대한 자부심

하지만 이런 '어그로' 마케팅이 성공하려면 반드시 깔려야 하는 전제가 있다. 바로 '본질'에 대한 확고한 자부심이다. 만약 본질적인 음악이나 콘텐츠의 퀄리티가 낮다면, 모든 마케팅 활동은 한순간의 가십으로 끝나고 말 것이다. 사람들의 실망감만 키우는 결과로 이어질 수 있는 것이다.

나는 내가 만드는 음악과 콘텐츠의 퀄리티에 대해서는 누구보다 자신하고 있다. 남들이 보면 미쳤다고 할 만큼 퀄리티 높은 음악에 집착한다. 그렇기 때문에 이런 과감한 마케팅을 시도할 수 있다고 믿는다. 팬들이 논쟁을 벌이고, 궁금해하며 찾아온 곳에는 결국 그들을 실망시키지 않을 만한 좋은 음악과 콘텐츠가 기다리고 있으니까.

트리플에스,
참여형 마케팅의 정점

트리플에스의 경우, 팬 투표로 예명을 정하는 등 '참여형 마케팅'을 시도했다. 대표가 제안한 이름(클레어 정), 작명소에서 받은 이름, 멤버 본명이 후보에 올랐고, 팬들이 직접 투표해서 최종 예명을 결정했다. 이는 이름을 정하는 과정을 넘어, 팬들에게 '우리가 이 그룹을 함께 만들어가고 있다'는 소속감과 자부심을 심어주는 전략이다. 팬들은 그룹의 기획 과정에 참여함으로써 더욱 깊게 몰입하게 되고, 이는 강력한 팬덤으로 이어진다.

데뷔 앨범 발표 전, 이달의 소녀에게 '100억 투자'라는 언론 플레이를 했던 것도 비슷한 맥락이다. 실제 투자 비용은 그보다는 적은 정도였지만, '100억'이라는 숫자가 주는 거대함은 대중의 궁금증을 유발하기에 충분했다. 사람들은 "대체 얼마나 대단한 그룹이길래 100억이나 투자했지" 하는 호기심을 갖고 이달의 소녀를 찾아보게 된다. 그리고 그들이 본

것은 돈으로 환산할 수 없는, 철저하게 기획된 완성도 높은 콘텐츠였다. 효과적인 블러핑이었다.

나는 쇼케이스와 사전 프로모션을 통해 그룹을 알리는 것을 넘어, 대중의 흥미와 호기심을 유발하고 논쟁을 만들며, 궁극적으로는 팬들을 그룹의 서사에 참여시키는 것을 목표로 한다. 그리고 이 모든 파격적인 시도가 성공할 수 있는 유일한 이유는 바로, 그것을 뒷받침하는 콘텐츠의 압도적인 퀄리티라고 생각한다.

음반 제작과
프로듀싱

곡 수급과 디렉팅
수많은 데모곡 중에서 '이 곡이다!' 싶은 운명적인 곡을 만나는 과정

운명적인 곡은
직관의 영역

A&R 프로듀서의 가장 중요한 역할 중 하나는 그룹의 컨셉과 맞는 좋은 곡을 찾아내고, 그 곡이 그룹의 색깔에 맞게 완성될 수 있도록 조율하는 것이다. 많은 분들이 좋은 곡을 찾는 방법에 대해 묻지만, 나는 이 과정이 '직관의 영역'에 있다고 믿는다.

나는 데모곡을 선정할 때 인기투표처럼 다수의 의견에 의존하지 않는다. 유행은 올라타는 것이 아니라 개척하고 만드는 것이라고 믿기 때문이다. 인기투표로 곡을 정하게 되면, 현재의 유행 안에만 갇히게 될 수 있다. 하지만 진정한 유행은 없던 것을 만들어내거나, 잊고 있던 것을 다시 끄집어낼 때 탄생한다고 생각한다. 그래서 나는 수많은 데모곡을 들으며 오직 내 직감과 직관에 의존해 곡을 선택한다.

이 직관을 갈고 닦는 것에 게으르지 않다. 매일마다 스포티파이와 애플뮤직, 타이달을 오고 가며 트렌드를 읽고, 새로운 소리를 탐색하는 노력을 게을리하지 않는다는 뜻이다. 하지만 결국 최종 선택의 순간에는 나의 '촉'을 믿고 과감하게 결정한다.

운명이 찾아오지 않으면 만들면 된다

가끔은 운명적인 곡을 만나지 못할 때도 있다. 그럴 때는 포기하는 것이 아니라, 직접 그 운명을 만들어내려고 노력한다. 완벽한 곡을 찾기 힘들다면, 좋은 멜로디나 훌륭한 벌스를 가진 곡을 선택해 부족한 부분을 채우고 바꿔서 완성도를 높이는 것이다.

ARTMS의 〈Icarus〉라는 곡이 그랬다. 원래 이

곡은 벌스와 브리지, 그리고 후렴까지 전부 피아노로 진행되는 잔잔한 분위기였는데, 솔직히 후렴 부분의 클라이맥스가 없어서 마음에 들지 않았다. 그래서 이달의 소녀 시절부터 함께 작업했던 프로듀서 G-high에게 따로 후렴을 부탁했다. 이렇게 여러 전문가의 손을 거쳐 탄생한 곡은 전혀 다른 매력을 갖게 됐고, 훨씬 더 좋은 결과물로 이어질 수 있었다.

그리고 앨범의 색깔을 좌우하는 타이틀 곡들이나 앨범의 밸런스를 잡아줘야 하는 곡들에서는 확실한 키워드를 가진 컨셉을 정해줘서 곡의 선명함과 메시지를 만들어낸다. 예를 들자면 트리플에스의 〈Girl's Capitalism〉이라는 곡의 경우는 소녀라는 단어와 자본주의라는 단어를 결합해서 사람들이 평소 생각하지 못했던 컨셉을 내세운다.

직접 가사를 쓰는 이유는 내가 전문 작사가보다 글을 잘 써서가 아니다. 가사는 시적인 글보다 음악의 언어로써 전달되기 때문이며 내가 생각하는 그룹의 컨셉과 세계관을 작사가들에게 설명하다가 보니, 때로는 내가 직접 쓰는 것이 훨씬 빠르고 정확하기 때문이다.

A&R의 역할, 프로듀서의 눈

A&R 프로듀서의 역할은 단순히 좋은 곡을 '찾는 것'에 그치지 않는다. 수많은 데모곡 속에서 보석 같은 잠재력을 지닌 곡을 알아보고, 그 곡이 그룹의 색깔에 맞게 빛을 발할 수 있도록 음악적 방향을 제시하고 조율하는 것이다.

곡을 재탄생시키기 위해 작곡가와 긴밀하게 소통하며 디테일한 부분까지 수정하고, 가사를 통해 그룹의 정체성과 세계관을 불어넣는 모든 과정이 A&R의 중요한 역할이다. 운명적인 곡은 우연히 만나는 것이 아니라, '될성부른 곡'을 찾아내고 직접 만들어내는 노력을 통해 탄생하는 것이라고 생각한다.

프로듀서와 아티스트의 협업
독보적인 개성을 가진 아티스트와 함께 작업할 때 어떤 방식으로 균형을 잡아야 할까

때로는 '기획하지 않는 것'도 기획이다

나는 무조건적인 소통이 항상 좋은 결과를 낳는다고 생각하지 않는다. 특히 아이돌 그룹의 경우, 때로는 멤버들에게 정보가 차단되거나 일부의 정보만 주어졌을 때 더 좋은 결과물이 나올 때가 있다. 정보가 너무 많아지면 생각이 과해져서 오히려 집중력이 흐트러질 수 있기 때문이다.

헤이즈처럼 아티스트 본인의 색깔이 워낙 뚜렷하고, 스스로 프로듀서 역할을 하는 경우에는 접근 방식이 완전히 달라진다. 헤이즈와의 작업에서는 내가 '방향을 정해주는 사람'이 아니라, 아티스트가 가고자 하는 방향을 더 잘 다듬어주는 '조력자' 역할이었다.

이 과정에서 가장 어려운 부분은 바로 예스맨이 되지 않는 것이다. 아티스트 본인이 프로듀서 역할을 겸할 때, 옆에 있는 A&R이 무조건 "좋아요!"만 외치는 함정에 빠지기 쉽다. 하지만 아티스트의 취향이 지나치게 개인적인 영역에 머물지 않도록, 그리고 그들의 뾰족한 개성이 대중에게도 매력적으로 전달될 수 있도록 균형을 잡는 역할이 중요하다.

나는 어설프게 대중성이라는 프레임을 덧씌워 아티스트의 개성을 깎아내리는 것을 싫어한다. 대신 아티스트가 자신의 색깔을 완벽하게 표현하도록 돕고, 대중이 그 매력에 이끌려 들어오게 만드는 방식을 선호한다. '이 사람의 음악은 뭔가 다르네?'라는 인식을 심어주는 것이다.

헤이즈와의 협업,
진짜를 발견하다

헤이즈와 함께했던 작업은 나에게도 매우 즐겁고 감사한 경험이었다. 밴드 넬을 제외하고는 거의 모든 작업이 아이돌 프로젝트였던 나에게, 헤이즈는 아티스트를 만드는 것에 대한 새로운 흥미를 일깨워준 '원석'이었다.

나는 솔직히 헤이즈가 국내에서 가장 가사를 잘 쓰는 작가 중 한 명이라고 생각한다. 옆에서 지켜보면서 나 역시 헤이즈에게 배운 점이 너무 많다. 특히 헤이즈는 본능적으로 가사에서 컨셉을 끄집어내는 능력이 탁월하다. 카페에 앉아 두세 시간씩 그런 이야기를 나누며 즐거워했던 때가 생생하다. 나는 헤이즈의 〈underwater〉라는 곡을 특히 좋아하는데, 현대인들이 '잠수' 타는 심리를 컨셉적으로 너무나 쉽게 풀어냈기 때문이다.

더 놀라운 점은, 헤이즈는 그렇게 잡은 컨셉을 20대 여성들의 '공감대'로 바로 연결하는 능력이 있다는 것이다. '비'를 주제로 한 노래는 수없이 많아서 사실 엄청난 컨셉이 아니다. 오히려 감성 버튼을 누르기 쉬운 치트 키에 가깝다. 그냥 비 이야기만 해도 곡의 절반은 감성으로 채워지니까 말이다. 그런데 헤이즈는 이 치트 키에, 공감이라는 Ctrl + Alt 버튼을 동시에 누르듯, 사람들의 마음을 파고드는 가사를 썼다.

〈비도 오고 그래서〉를 처음 들었을 때, 나는 30초 만에 이 곡이 타이틀곡이 될 거라는 확신이 들었다. 좋은 곡을 넘어서 대중의 마음을 움직이는 힘이 있었다.

진심이 닿는 순간, 감동을 선물하다

헤이즈와의 인연은 계속 이어졌다. 트리플에스의 〈Door〉라는 곡에 가사를 부탁했을 때였다. 개인적으로 발라드를 즐겨 듣지는 않지만, 헤이즈의 가사가 더해진다면 이 곡이 훨씬 풍성해질 거라고 확신했다.

사실 친한 사이라고 해도 일은 일이니까, 워드 파일로 가사를 보내줘도 충분했을 텐데, 헤이즈는 직접 가이드를 녹음해서 파일로 보내주었다. 그날 아침 출근길에 마침 눈이 내렸는데, 청담 사거리 신호등에 걸려 헤이즈가 불러준 가이드를 들으며 눈물이 났다. 발라드를 들으며 우는 게 쑥스럽다고 생각하는 편인데, 그 순간의 감동은 정말 잊을 수가 없다. 헤이즈 버전의 가이드는 진짜 유출이 되었으면 좋겠다고 생각한 적이 있을 만큼. 헤이즈는 상대방의 마음을 움직이는 감동 포인트를 영리할 정도로 잘 아는 아티스트이다.

프로듀서와 아티스트의 협업은 곡을 만드는 것을 넘어, 서로의 진심을 나누고 새로운 감동을 만들어내는 과정이라고 생각한다.

앨범의 완성도를 높이는 믹싱, 마스터링
음반 제작의 마지막 단계이자, 음악의 인상을 결정짓는 중요한 과정에 대한 생각

믹싱과 마스터링, 트렌드를 선도하는 '국제 규격'을 만들다

나는 믹싱과 마스터링 단계에서 최대한 트렌디한 리스너의 입장에서 작업하는 것을 중요하게 생각한다. 평소에도 음악을 많이 듣지만, 믹싱 작업에 들어갈 때는 내가 만드는 음악과 동시대의 가장 완성도 높은 팝 음악을 끊임없이 번갈아 듣는다.

왜냐하면 우리 음악이 단순히 '좋은 음악'을 넘어 '국제 규격에 맞는 음악'이길 바라기 때문이다. 특히 새로운 사운드를 갈망하고, 한 발 더 앞서나가려는 예민한 팬들의 기준치를 충족시키고 싶기 때문이다. 그래서 계속해서 우리 음악을 트렌디한 팝 음악과 비교하며, 부족한 점은 없는지, 더 개선할 부분은 없는지 끊임없이 다듬는다.

음악 마니아로서 나도 새로운 사운드를 들었을 때 '와, 이거 뭐지?' 하고 자동으로 제목과 아티스트를 찾아보게 되는 경험을 자주 한다. 내가 만드는 믹스와 마스터링이 그런 강렬한 인상을 줄 수 있는지를 스스로 묻고 답을 찾으려고 노력한다. 그 질문에 솔직하게 대답할 수 있다면, 어떤 방향으로 나아가야 할지 답은 의외로 쉽게 나온다.

완벽에 대한 강박, '예민함'의 시간

사실 믹싱과 마스터링을 하는 기간은 매우 예민한 시간이기도 하다. 귀의 감각을 예민하게 세우기 위해서가 아니다. 내 음악이 완벽하지 못하다는 생각에 스스로 스트레스를 너무 많이 받기 때문이다.

믹싱 중간 과정은 정말 괴로울 때가 많다. '내가 이 정도밖에 되지 못하는구나'라는 생각에 자괴감이 들기도 한다. 그래서 이 기간은 나도 모르게 예민해지고 날이 서게 된다.

그렇게 힘들게 작업이 끝나고 음악이 완성되고 나면, 내 음악을 거의 듣지 않게 된다. 헤어진 여자친구를 잊지 못하는 찌질한 남자처럼, 자꾸 아쉬운 점만 생각나서 괴롭기 때문이다. 그래서 의도적으로 '어제 만든 음악은 어제의 일'로 잊고, 새로운 음악에만 집중하려고 노력한다. 이 모든 것이 나에게는 '더 나은 음악'을 만들고자 하는 강박관념과 같다고 할 수 있을 것 같다.

음악에
옷을 입히는 일

믹싱은 보컬, 악기 등 녹음된 다양한 소리를 하나로 조화롭게 섞어주는 과정이다. 보컬은 더 돋보이게 하고, 악기 소리는 선명하게 들리도록 균형을 맞춰주는 작업이다. 마스터링은 믹싱이 끝난 최종 음원을 음반과 스트리밍 서비스 등 다양한 환경에서 최적의 소리로 들릴 수 있도록 최종적으로 다듬는 과정이다.

만약 이 과정이 제대로 이루어지지 않으면 아무리 좋은 멜로디와 뛰어난 가창력을 가진 곡이라도 그 매력이 제대로 전달되지 않는다. 마치 최고급 원단으로 만든 옷이라도 마무리가 엉성하면 상품 가치가 떨어지는 것과 비슷하다.

믹싱과 마스터링은 단순한 기술적인 작업이 아니라, 음악에 '최고급 옷'을 입히는 과정이라고 생각한다. 동시대의 가장 트렌디한 음악과 어깨를 나란히 할 수 있도록, 그리고 팬들이 어디서 듣든 최고의 사운드를 경험할 수 있도록 모든 디테일에 집중하는 것. 이것이 바로 내가 생각하는 믹싱과 마스터링의 진정한 중요성이다.

PART 2

데뷔와 브랜딩

데뷔 앨범과 타이틀곡 선정

팬 소통과 커뮤니티

콘텐츠 제작과 확장

리스크 관리와 이미지 메이킹

데뷔 앨범과
타이틀곡 선정

데뷔곡의 중요성
가장 강력하고 매력적인 첫인상을 위한 타이틀곡 선정

그룹의 색깔을 결정하는 데뷔곡

데뷔곡은 단순히 좋은 노래를 넘어, 그 그룹의 앞으로의 방향성과 정체성을 결정짓는 가장 중요한 요소이다. 그래서 데뷔곡의 색깔과 컨셉, 그리고 목표 지점을 그룹의 전체적인 설계에 맞춰 신중하게 결정해야 한다.

이달의 소녀는 멤버들을 한 명씩 공개하는 솔로 활동을 너무 오랫동안 했기 때문에, 완전체 데뷔곡 〈Hi High〉를 통해 의도적으로 그룹의 나이가 어려 보이게 만들고 싶었다. 그래서 풋풋하고 발랄한 틴팝$^{Teen\ Pop}$ 스타일의 곡을 선택했다. 오랜 시간 기다린 팬들에게 멤버들이 드디어 하나로 뭉친 모습, 순수하고 에너지 넘치는 모습을 보여주며 새로운 시작을 알린 것이다.

트리플에스의 데뷔곡 〈Generation〉은 '세대'라는 주제를 담고 싶었다. 어른들은 이해할 수 없는 10대들만의 세계, 앞뒤 인과관계가 없는 행동과 시간들, 그리고 그들만의 특별한 감성을 담아내려고 했다. 나 역시 10대가 아닌 '아저씨'라서 이런 가사를 쓰는 것이 조심스럽기도 했지만, 누구보다 치열하게 청춘을 보냈던 내 경험을 떠올리며 작업에 임했다. 이 곡에 트리플에스가 앞으로 보여줄 가장 중요한 색깔이 모두 담겨 있다고 생각한다.

음악적 엣지 + 팀의 컨셉
= 완벽한 데뷔곡

데뷔 타이틀곡은 음악적인 엣지도 중요하지만, 팀의 컨셉을 명확하게 보여줄 수 있어야 한다. 2PM

의 데뷔곡 〈10점 만점의 10점〉이라는 곡을 나는 정말 좋아하는데, 10대 남자들이 가진 건강하고 솔직한 자신감이 잘 드러나 있기 때문이다. 상대를 향한 풋풋한 호기심과 관심, 그리고 '때 묻지 않은 시선'이 담겨 있어 그룹의 정체성과 잘 맞아떨어졌다. 이 곡을 통해 2PM은 짐승돌이라는 컨셉으로 자연스럽게 나아갈 수 있었다.

데뷔곡은 '좋은 노래'를 발표하는 것이 아니라, 그룹의 컨셉을 담아낸 하나의 '명함'이라고 생각해야 한다. 대중에게 "우리는 이런 그룹입니다"라고 선언하는 것과 같다. 데뷔곡을 통해 그룹의 색깔, 퍼포먼스 스타일, 그리고 앞으로의 서사를 모두 보여줄 수 있어야 한다.

데뷔곡을 선정할 때는 차트에서 좋은 성적을 낼 만한 곡을 찾기보다, 그룹의 스토리를 담아내고 대중에게 명확한 메시지를 전달할 수 있는 곡을 우선적으로 고려한다. 이 첫인상이 그룹의 초기 흥행과 장기적인 성공에 큰 영향을 미치기 때문이다.

뮤직비디오, 재킷 이미지
음악과 시각적 요소들이 어떻게 조화를 이루며 그룹의 이미지를 형성하는가

시각과 청각을 동시에 설계

많은 분들이 음악은 '청각적 경험'이라고 생각하지만, 현대 K-POP은 더 이상 청각에만 머물지 않는다. 사실상 청각과 시각을 동시에 소비하는 종합 예술이 된 것이다. 그래서 나는 음반을 기획할 때부터 시각적인 요소를 분리해서 생각하지 않는다.

음악을 음악대로 만들고 나서 시각적인 것을 덧붙이는 방식이 아니라, 음악의 컨셉을 잡는 설계 단계에서부터 시각적인 방향도 함께 고민한다. 노래, 안무, 의상, 뮤직비디오가 모두 하나의 방향을 가리키는 큰 축이라고 할 수 있다.

노래는 멜로디와 가사로 이루어진다. 멜로디는 아티스트의 전체적인 무드를 결정하고, 가사는 담고자 하는 이야기의 원천이 된다. 안무는 단순한 동작을 넘어, 그 안에 이야기의 서사를 담아낸다. 의상은 아티스트의 색깔과 컨셉을 직관적으로 보여주는 가장 중요한 요소다. 뮤직비디오는 이 모든 요소들을 하나로 묶어내는 종합적인 작품이다. 가사에서 시작된 이야기와 시각적인 경험을 총체적으로 담아낸다.

황금비율보다 중요한 엣지

이상적으로는 모든 요소가 완벽한 황금비율을 이루는 것이 좋겠지만, 때로는 한쪽으로 기울어진 균형이 더욱 강력한 매력을 만들어내기도 한다. 모든 것을 다 잘하려고 하기보다는, 그룹의 강점을 극대화하기 위해 특정 요소에 더 집중하는 것이다.

퍼포먼스에 강점이 있는 그룹이라면 안무와 뮤

직비디오에 더 힘을 실을 수 있고, 독특한 세계관이 중요한 그룹이라면 가사와 뮤직비디오의 서사에 더 큰 노력을 기울일 수 있다. 이렇게 한쪽으로 기울어진 밸런스는 그룹만의 '엣지'를 만들어내고, 대중에게 강렬한 인상을 남길 수 있다.

그리고 이 모든 결정은 기획 단계에서부터 명확하게 이루어져야 한다. 나는 모호하게 좋아 보이는 것들을 이것저것 때려 박는 것을 지양한다. 그런 방식은 그룹의 정체성을 희석시킬 뿐이다.

모든 나침반이
한 방향을 가리키도록

내가 지향하는 것은 '컨셉이 명확한 팀'이다. 팀의 모든 시각적, 청각적 요소들이 같은 방향을 가리키도록 하는 것이 모든 패키징의 관건이라고 생각한다.

앨범 재킷 이미지를 예로 들어보자면, 재킷 이미지는 앨범의 음악과 세계관을 한눈에 보여주는 얼굴과 같다. 만약 밝고 경쾌한 음악을 담은 앨범인데 재킷 이미지가 어둡고 신비로운 분위기라면, 대중은 혼란을 느낄 것이다. 음악의 분위기와 완벽하게 일치하는 재킷 이미지는 팬들의 기대감을 높이고 앨범에 대한 몰입도를 극대화한다.

뮤직비디오 역시 마찬가지다. 곡의 메시지를 시각적으로 확장하고, 멤버들의 매력을 가장 효과적으로 보여주는 연출이 필요하다. 가사에 담긴 서사를 영상으로 표현하거나, 퍼포먼스의 강점을 부각시키는 방식으로 말이다.

음악과 시각적 요소들은 각각 따로 만드는 것이 아니라, 하나의 명확한 컨셉을 향해 모든 나침반이 같은 방향을 가리키도록 설계해야 한다. 모든 요소가 유기적으로 연결될 때, 그룹은 대중에게 강력한 브랜드로 각인될 수 있다.

음악 방송 데뷔 무대 기획
그룹이 처음으로 TV 음악 방송 무대에 설 때, 카메라 동선부터 의상까지

음악 방송의 목표는 '뮤직비디오의 재현'

나에게 음악 방송 무대의 가장 큰 목표는 매우 단순하다. 바로 뮤직비디오에서 보여줬던 판타지를 최대한 완벽하게 무대 위로 옮겨놓는 것이다.

뮤직비디오는 수많은 고민과 자원을 투입하여 가장 정교하게 다듬어놓은 결과물이다. 나는 그 안에 담긴 그룹의 컨셉과 영상미를 음악 방송 무대에서도 그대로 재현하고 싶다. 물론 뮤직비디오는 여러 번의 촬영과 후반 작업을 거치지만, 음악 방송은 라이브로 진행되기에 한계가 있다는 것을 잘 알고 있다. 그럼에도, 우리의 지향점은 항상 '뮤직비디오의 판타지를 재현하는 것'에 맞춰져 있다.

이를 위해 카메라 동선, 퍼포먼스 구성, 의상 등 모든 요소를 뮤직비디오 컨셉과 연결시킨다. 예를 들어 뮤직비디오에서 멤버들이 숲속을 뛰어다니는 장면이 있다면, 무대에서도 그 동선을 살려 역동적인 느낌을 주려고 노력하고, 영상미를 강조하기 위해 조명이나 특수 효과를 적극적으로 활용해야 무대의 완성도가 결정된다고 믿는 편이다.

'숙제'가 아닌 '작품'을 만드는 것

우리나라는 음악 방송이 지나치게 많다고 생각한다. 다양한 방송을 통해 대중적 인지도를 얻을 수 있다는 장점도 있지만, 현실적으로는 '숙제처럼' 해치워야 하는 스케줄이 되어버리는 경우도 많다.

일주일 동안 여러 음악 방송에 출연하다 보면, 아티스트는 지칠 수밖에 없다. 매번 최고의 컨디션을 유지하기가 정말 어렵다. 이는 결국 무대의 퀄리티 하락으로 이어질 수 있다. 방송국 PD님들과 스태프분들도 분명 애써서 준비하시겠지만, 아티스트의 지친 상태는 고스란히 무대에 드러나게 된다. 이럴 때면 서로에게 미안해지는 상황이 벌어진다.

이러한 현실적인 문제 때문에, 음악 방송 무대 하나하나를 숙제가 아닌 하나의 작품으로 만드는 것이 중요하다고 생각한다. 매 무대마다 조금씩 다른 퍼포먼스나 의상을 선보여 신선함을 유지하고, 카메라 동선이나 무대 연출에 있어서도 항상 새로운 시도를 하려고 노력하는 것이다.

대중에게 가장 매력적인 첫인상을 남기는 전략

데뷔 무대는 그룹에게 있어 대중에게 각인되는 첫인상이다. 이 첫인상을 가장 매력적으로 만들기 위해서는 여러 전략이 필요하다.

우선 카메라 동선이다. 뮤직비디오의 핵심 장면을 재현하는 데 중점을 둔다. 멤버의 개성과 퍼포먼스의 하이라이트가 가장 잘 드러나는 부분에 클로즈업을 배치하여 시청자의 눈길을 사로잡는다.

퍼포먼스 구성은 데뷔곡의 메시지를 가장 잘 보여주는 안무를 중심으로 구성한다. 특히 도입부와 후렴구는 한 번 보면 잊히지 않을 정도로 강렬한 인상을 남기도록 연출해야 한다.

의상의 경우에는 그룹의 컨셉을 가장 잘 나타내는 의상을 선택해야 한다. 이달의 소녀는 데뷔 초 풋풋하고 발랄한 이미지를 강조하기 위해 교복 컨셉의 의상을 자주 선보였다. 의상은 시각적으로 그룹의 정체성을 가장 빠르게 전달하는 중요한 도구이다.

나는 음악 방송 무대를 뮤직비디오의 연장선으로 보고, 퀄리티를 타협하지 않는 자세로 기획한다. 비록 현실적인 어려움이 많지만, 팬들과 대중에게 최고의 무대를 선보이고 싶은 마음은 변함이 없다.

팬 소통과 커뮤니티

팬덤의 중요성
K-POP에서 팬덤은 정말 중요한 동력이다

변화된 팬덤,
'육성형'에서 '베팅형'으로

K-POP 팬덤은 시간이 흐르면서 그 형태와 성격이 크게 변화했다. 과거에는 팬들이 알려지지 않은 '불쌍한' 아이돌을 스스로 키우고 육성한다는 개념이 강했다. 마치 '내가 키운 내 새끼'처럼 말이다. 하지만 지금은 달라졌다. 팬덤은 '잘 될 만한 아이돌에 내가 베팅한다'는 개념으로 변모했다.

이제 팬들은 성공 가능성이 낮은 그룹이나 애매하게 엎어질 것 같은 그룹에 자신의 애정과 돈을 투자하는 것을 꺼린다. 이는 팬들이 자신의 시간과 자원을 낭비하는 것을 원하지 않는다는 명확한 신호이다. 그래서 대형 기획사의 아이돌이 무조건 성공하는 것은 아니지만, '대기업이니까 망하지 않고 성공할 가능성이 높을 것'이라는 믿음이 팬들의 입덕(팬덤에 합류하는 것) 심리에 큰 영향을 미친다.

게다가 팬들은 자신이 응원하는 아티스트를 통해 자신의 정체성을 표현하기도 한다. 마치 명품 브랜드를 소비하며 자부심을 느끼듯, 자신이 응원하는 아티스트가 고예산 프로젝트를 진행할 때 만족감을 느끼는 것이다. 이런 심리는 팬덤의 규모와 충성도를 더욱 견고하게 만든다.

돈 없는 팀은
다 망해야 하는가?

그렇다면, 돈이 없는 팀이나 투자금을 많이 쓸 수 없는 아이돌은 모두 실패해야 할까? 나는 이 질문에 대해 늘 고민하고 새로운 아이디어를 찾으려고 노력한다.

나는 이런 상황에서 역발상의 전략이 필요하다

고 생각한다. '부자처럼 돈을 쓰는 프로젝트'를 유치하고 뻔하게 보이도록 만들고, 오히려 우리가 진행하는 프로젝트가 더 쿨하고 세련된 것이라고 포장하는 것이다. 기존의 대형 기획사들이 보여주는 성공 공식과는 다른, 얼터너티브^{Alternative}한 매력을 어필하는 것이다.

백화점에서 쇼핑한 물건들을 SNS에 전시하는 것이 유치하게 보이고, 대신 남들이 잘 모르는 한적한 카페에서 햇살 아래 책을 읽는 모습이 더 '힙'하게 보이는 것과 비슷한 방식이다. 팬들이 보기에 '저들은 뻔하게 돈을 쓰지만, 우리는 우리만의 방식으로 쿨하게 성공한다'는 자부심을 심어주는 것이다.

이달의 소녀나 트리플에스의 기획 과정에서 사용했던 파격적인 방법들이 모두 이런 전략의 일환이다. 팬들이 그룹의 서사를 직접 만들고, 참여하며, 기존 팬덤 문화에서는 볼 수 없었던 새로운 즐거움을 제공하는 것이다.

소통과 참여로
팬심을 사로잡다

 견고한 팬덤을 형성하기 위한 가장 중요한 전략은 바로 소통과 참여라고 생각한다.

 이달의 소녀는 멤버들을 한 명씩 공개하는 방식으로 팬들에게 '다음은 누가 나올까?'라는 궁금증과 기대감을 안겨주었다. 또한 각 멤버의 서사를 꿰맞추며 팬들이 스스로 세계관을 해석하고 즐기도록 유도했다.

 팬들이 직접 투표를 통해 멤버들의 유닛 조합을 결정하는 트리플에스는 팬들에게 '그룹의 미래를 함께 만들어간다'는 소속감을 주기에 충분했다. 팬들에게 단순히 소비자가 아닌, 프로듀서로서의 역할을 부여하는 것과 같다.

 나는 팬덤을 함께하는 동반자로 생각한다. 아무리 좋은 음악과 멋진 아티스트가 있어도 팬들이 존재하지 않으면 그 의미는 퇴색된다. 꽤 괜찮았지만 평생 뜨지 못하고 무명으로 사라져간 아티스트와 알려지지 않은 채 묻혀버린 음악이 얼마나 많은가. 단순히 팬을 소비자 혹은 아티스트를 좋아하는 사람 정도로 규정짓는 게 부족할 만큼 팬은 아티스트와 회사가 존재할 수 있게 하는 이유이기도 하다. 그래서 팬들이 우리의 기획에 참여하고, 그들이 함께 만들어낸 결과물을 보며 자부심을 느끼도록 하는 것. 이것이야말로 K-POP 팬덤을 움직이는 가장 중요한 동력이라고 생각한다.

아티스트와 팬의 건강한 관계
팬덤의 역학과 그 속에서 어떻게 균형을 잡아야 하는지에 대한 나의 철학

팬덤의 의견을
모두 수용하는 것이
능사는 아니다

팬덤이 커질수록 팬들은 자신을 단순한 팬이 아닌 '고객'으로 인식하게 된다. 때때로 회사의 방향성에 반발하며 '우리가 원하는 대로 해달라'고 요구하기도 한다. 이런 팬들의 마음을 충분히 이해한다. 사실 팬덤과 싸우면 회사는 100% 진다는 말이 있을 정도로, 팬들의 의견을 그대로 수용하는 것이 가장 쉬운 해결책처럼 보일 때도 있다.

하지만 무조건적인 수용이 정답은 아니라고 생각한다. 온라인에는 이런 재미있는 예시가 있다.

[일본식 라멘집이 망하는 테크트리]

라멘집을 연다 → 손님이 '국물이 짜다'고 한다 → 염도를 낮춘다 → 짠맛이 없어지니 느끼함이 올라온다 → 지방맛을 낮춘다 → 맛이 연해졌다며 마니아들이 이탈한다 → 일반 손님들도 맛없다고 점점 줄어든다

결국 라멘집은 각기 다른 손님들의 의견을 모두 수용하다가 정체성을 잃어버리고 맛없는 라멘을 팔게 되어 망하게 된다.

이 얘기처럼, 팬들의 의견을 100% 수용하는 것은 불가능할 뿐만 아니라, 아티스트가 자신의 방향성을 잃어버리고 팬들에게 외면받는 결과로 이어질 수도 있다. 팬들은 새로운 팀과 가수를 언제든 선택할 수 있기 때문이다.

안전하게 참여하는 팬덤 문화, 트리플에스

그렇기에 무조건적인 소통보다는 팀에게 도움이 되는 방향으로의 소통이 더 중요하다고 생각한다. 트리플에스 같은 경우에는 팬들의 투표로 중요한 것들이 결정되는 시스템이지만, 이 과정에는 나만의 엄격한 규칙이 있다.

예를 들어 팬들에게 어떤 결정을 맡길 때, '망할 것 같은 안'은 애초에 옵션에 넣지 않는다. 투표의 선택지가 '성공 vs 실패'가 아니라, '딸기 vs 수박 vs 참외 vs 떡볶이'처럼 어떤 것을 선택하더라도 '해피엔딩'이 될 수 있도록 설계하는 것이다. 물론 이 중에는 떡볶이처럼 "왜 과일이 아닌 음식이 있냐?"며 논란이 될 만한 옵션을 일부러 넣기도 한다. 이러한 논쟁은 팬들이 서로 이야기를 나누고, 팀에 대한 관심을 유지하게 만드는 중요한 요소가 된다.

팬들에게 '선택의 자유'는 주되, '실패할 자유'는 주지 않는 방식으로 건강한 관계를 구축하려고 노력한다. 팬들은 자신이 직접 팀의 미래를 결정한다는 만족감을 느끼면서도, 어떤 선택을 하든 팀이 성공적인 길로 나아갈 것이라는 믿음을 가질 수 있다.

끊임없는
이야깃거리

아티스트와 팬의 관계는 끊임없이 소통하는 커플과 같다. 만나서 할 말이 없는 커플은 결국 헤어지듯, 팬들이 팀에 대해 이야기할 거리가 사라지면 팬덤은 서서히 약해질 수밖에 없다.

그래서 팬들이 끊임없이 '이야깃거리'를 만들게 하는 것이 중요하다. 특히 비활동 기간에는 더더욱 그렇다. 멤버들의 사소한 일상이나, 그룹의 세계관에 대한 힌트, 혹은 팬들의 참여를 유도하는 이벤트 등을 통해 팬덤의 에너지를 계속해서 유지해야 한다.

아티스트와 팬의 건강한 관계는 무조건적인 수용이 아닌, 존중과 신뢰를 바탕으로 한 전략적인 소통에서 시작된다. 팬들의 의견을 경청하되, 그 의견이 팀의 성장에 긍정적인 영향을 미칠 수 있도록 영리하게 조율해야 한다. 팬들에게 '우리 팀은 어떤 길로 가든 성공할 것'이라는 믿음을 줄 것, 그 과정에 함께 참여하게 함으로써 팬덤을 더욱 견고하게 만드는 것이 나의 최종 목표다.

콘텐츠 제작과 확장

아이돌 리얼리티, 웹 콘텐츠
음악과 콘텐츠의 관계, 그리고 한정된 예산으로 팬덤을 확장하는 법

음악은 '첫인상', 콘텐츠는 '사랑'

많은 분들이 K-POP 팬덤은 음악만으로 만들어진다고 생각하지만, 결코 그렇지 않다. 음악은 첫 만남의 강렬한 첫인상과 같지만, 그것만으로는 관계를 이어갈 수 없다. 서로를 알아가고 깊은 관계를 맺는 단계에서는 음악 외 콘텐츠의 역할이 훨씬 중요하다.

팬들은 먼저 음악이나 뮤직비디오를 통해 아티스트에게 관심을 갖게 된다. 그리고 그 관심은 리얼리티나 웹 콘텐츠를 보며 멤버들의 자연스러운 모습, 유쾌한 케미, 비하인드 스토리를 알게 되면서 팬심으로 발전한다. 즉, 음악이 첫인상을 결정한다면, 콘텐츠는 아티스트의 인간적인 매력을 보여주고 팬덤을 단단하게 만드는 핵심적인 역할을 하는 것이다.

요즘은 자체 제작 콘텐츠(자컨)나 외부 콘텐츠와의 협업이 중요해지면서 제작비 규모가 엄청나게 커졌다. 예전처럼 내부 직원 한두 명이 카메라를 들고 아티스트를 찍고 편집하는 시대가 아니다. 10명 이상의 콘텐츠 팀이 달라붙고, 하우스 세트장을 섭외하는 등 비용이 많이 들어가는 기획이 필수가 되었다. 그리고 이러한 현실은 대형 기획사와 소형 기획사의 차이를 더욱 뚜렷하게 만들고 있다.

매력을 극대화하는
콘텐츠

모두가 돈을 들여서 콘텐츠를 만드는 상황에서, 어떻게 하면 한정된 예산으로 매력을 극대화할 수 있을까? 나는 콘텐츠 제작비를 과시하는 것이 아니라, 매력을 어떻게 효과적으로 전달할 것인가에 초점을 맞춰야 한다고 생각한다.

트리플에스의 경우에는 이 철학을 극대화한 기획을 선보였다. 멤버들이 앨범을 내기 전에 '하우스'에 입주해서 친해지는 과정을 먼저 콘텐츠로 보여줬다. 이를 통해 팬들은 멤버들이 서로에게 어떤 캐릭터가 되고, 어떤 관계성을 형성해나가는지 지켜보며 자연스럽게 몰입하게 되었다.

이 방식은 멤버들의 가장 자연스러운 모습을 보여줄 수 있었고, 인위적인 설정 없이도 그들만의 매력을 끌어낼 수 있었다. 우리는 '음악보다 더 중요한 것은 음악을 들어줄 관객과 팬덤'이라는 사실에 집중했다. 그래서 음악 기획보다 팬덤을 모으는 콘텐츠 기획에 더 큰 노력을 기울였다.

**돈보다
중요한 건**

팬들은 단순한 '돈 자랑' 콘텐츠보다는 진정성

있는 이야기에 더 끌린다. 고가의 장비와 화려한 세트보다, 멤버들 간의 진솔한 대화나 서로를 위하는 따뜻한 마음을 보여주는 콘텐츠가 훨씬 더 강력한 팬심을 만들어낸다.

트리플에스의 〈SIGNAL〉 같은 콘텐츠는 멤버들이 처음 만나 서먹해하다가 점차 친해지는 과정을 가감 없이 보여줬다. 이 과정에서 팬들은 멤버 한 명 한 명의 성격과 매력을 파악하고, 그들만의 독특한 케미에 빠져들게 된다. 이는 단순히 '비싼 콘텐츠'로는 얻을 수 없는, '관계성과 서사'가 주는 강력한 힘이다.

아이돌 리얼리티나 웹 콘텐츠는 멤버들의 인간적인 매력을 깊이 파고드는 것이 가장 중요하다고 생각한다. 음악이 팬덤의 시작을 알리는 문이라면, 콘텐츠는 팬들이 그 문을 열고 들어와 아티스트의 세계를 탐험하게 만드는 과정이다.

유튜브와 틱톡
뉴미디어를 활용한 그룹 홍보 전략에 대한 생각

변화를 받아들이는
유연한 태도

요즘은 TV 외에도 유튜브나 틱톡 같은 새로운 플랫폼이 정말 많아졌다. 우리가 흔히 접하는 TV 같은 전통적인 미디어를 넘어, 이제 유튜브나 틱톡처럼 새로운 디지털 플랫폼은 그룹의 성장을 위한 필수적인 공간이 되었다. 이 변화의 흐름 속에서 가장 중요한 것은 바로 미디어의 형태와 대중의 콘텐츠 소비 방식이 끊임없이 변할 것이라는 사실을 기본값으로 두는 것이다.

어제 성공했던 전략이 오늘까지 유효할 거라 믿는 것은 너무나 위험하다. 급변하는 디지털 환경에서는 새로운 트렌드가 시시각각 등장하고, 대중의 관심사는 순식간에 이동한다. 따라서 '언제나 변화할 것'이라는 마음가짐을 가지고 고민하는 것이야말로 뉴미디어 시대의 성공적인 전략을 세우는 출발점이 된다.

홈런보다는
안타를 여러 번

최근 몇 년 사이, 틱톡과 유튜브 쇼츠로 대표되는 숏폼 콘텐츠가 대세로 떠올랐다. 짧은 영상에 특화된 숏폼은 그룹을 더 넓은 대중과 해외 팬들에게 알리는 데 엄청난 힘을 발휘한다. 특히 챌린지와 같은 콘텐츠는 팬들이 직접 참여하며 즐길 수 있기 때문에, 단순한 홍보를 넘어 팬덤을 확장하고 소통하는 강력한 도구가 되기도 한다.

이러한 숏폼 콘텐츠를 활용할 때 중요한 것은 '정교한 홈런'보다는 '꾸준한 안타'를 노리는 전략이다. 100점짜리 완벽한 영상을 하나 만들기 위해 모든 힘을 쏟기보다, 10점짜리 영상 10개를 더 만드는 것이 훨씬 효과적이란 뜻이다. 숏폼의 시대는 언제, 어디서, 어떤 콘텐츠가 바이럴 될지 예측하기 어렵기 때문이다. 여러 시도를 통해 다양한 콘텐츠를 꾸준히 노출시키는 것이야말로 바이럴의 기회를 극대화하는 가장 현명한 방법이다.

'최대한 많은 곳에 노출'시키는 멀티 플랫폼 전략

이제 우리는 누구나 어디서든 스타가 될 수 있는 시대에 살고 있다. 그룹의 인지도를 높이고 싶다면, 특정 플랫폼에만 집중하기보다는 가능한 한 많은 뉴미디어에 노출시키는 전략이 필수적이다. 유튜브, 틱톡, 인스타그램 릴스는 물론이고, 그룹의 색깔에 맞는 다양한 플랫폼을 탐색하고 적극적으로 활용해야 한다.

음원 발매와 동시에 틱톡 챌린지를 시작하고, 유튜브에는 비하인드 스토리나 라이브 방송을, 인스타그램에는 팬들과 소통하는 짧은 릴스를 꾸준히 올리는 식이다. 여러 플랫폼을 유기적으로 활용하여 그룹의 매력을 다각도로 보여주는 것이야말로 잠재적인 팬들을 만나고, 이미 있는 팬들과 더 깊이 소통하는 최고의 방법이다.

뉴미디어 활용의 핵심은 끊임없이 변화하는 흐름을 인정하고, 완벽함에 집착하기보다 다양한 시도를 통해 꾸준히 팬들에게 다가가는 것이다.

컨셉 유지 및 변주 전략
그룹의 컨셉을 유지하면서도 신선함을 잃지 않는 방법에 대해

본질에 대한
끊임없는 질문

그룹이 특정 컨셉으로 큰 사랑을 받았을 때, 이 이미지를 계속 가져가야 하나, 아니면 새로운 시도를 해야 하나 고민하게 된다. 나는 이럴 때마다 '본질'이라는 단어를 떠올린다.

나는 어떤 일을 하든, 심지어 일상적인 고민을 할 때도 '이것의 본질이 뭐지?'라는 질문을 던지곤 한다. 미디어가 바뀌고, 세상이 바뀌고, 사람들이 문화를 즐기는 방식이 아무리 달라져도 변하지 않는 것이 바로 그 본질이라고 믿기 때문이다.

예를 들어 스타라는 존재가 과연 미래에도 필요

할까? 혹은 만약 필요하다면, 그 모습은 어떻게 달라질까? 같은 조금은 철학적일 수 있는 질문들을 스스로에게 던져보는 것이다. 이런 질문들이야말로 그룹의 정체성을 단단하게 유지하면서도 시대의 흐름에 맞춰 유연하게 변할 수 있는 힘을 준다고 생각한다.

이달의 소녀와 ARTMS

이달의 소녀라는 팀을 기획하고, 몇 년이 흘러 ARTMS라는 새로운 팀을 만들 때도 마찬가지였다. '자, 이제 새로운 기획을 시작해볼까?' 하는 단순한 마음으로 시작한 게 아니다. 나는 스스로에게 계속해서 질문을 던졌다.

이달의 소녀의 본질은 무엇이었을까. 팬들이 우리에게서 진정으로 원했던 본질은 무엇이었을까. 그리고 ARTMS로 이어져야 할 '그 본질'은 무엇인가.

이런 질문들을 다양한 각도에서, 마치 야구의 변

화구나 포크볼처럼 여러 구질로 던져보며 답을 찾아갔다.

무턱대고 새로운 것을 시도하는 게 아니라, 그룹의 뿌리와 팬들의 사랑이 시작된 본질이 무엇인지를 먼저 깊이 고민하는 거다. 그 본질을 잃지 않는 선에서, 새로운 음악적 시도를 하거나 시각적으로 신선한 변주를 더한다. 예를 들어 그룹의 신비롭고 몽환적인 본질은 유지하되, 이번 앨범에서는 좀 더 강렬한 비트의 음악을 시도하거나, 혹은 다른 요소를 추가해보는 것처럼.

사랑받는 컨셉의 본질을 굳건히 지키면서도, 그 위에 시대의 트렌드에 맞는 새로운 시도를 덧입히는 것. 팬들에게는 익숙한 안정감을 주면서도 낯설고 신선한 기대를 계속 안겨줄 수 있는 가장 좋은 방법이라고 생각한다.

리스크 관리와 이미지 메이킹

이슈 발생 시 대응 방안
아티스트 활동 중 예상치 못한 이슈가 발생했을 때, 어떻게 대응해야 할까

사고는
숙명이라는 인식

가끔 이런 농담을 하곤 한다. 매니지먼트에서 가장 중요한 건 사고가 '나지 않게 하는 것'이 아니라, 사고가 '났을 때 어떻게 대처하는가'라고. 물론 사고가 나지 않도록 최선을 다해야 하는 건 당연하다. 하지만 '살아 있는 사람'을 다루는 엔터테인먼트 비즈니스에서는 예상치 못한 논란이나 문제가 일어나는 건 어쩔 수 없는 일이라고 생각한다. 사고가 일어나지 않을 거라고 막연히 믿기보다는, 사고가 일어났을 때 어떻게 리스크를 관리할지에 대해 미리 고민하는 것이 훨씬 더 중요하다.

대중은 종종 모든 것을 솔직하고 투명하게 공개하는 것이 가장 좋은 방법이라고 생각하지만 현실은 그렇게 단순하지 않다. 잘못된 정보나 악의적인 소문 때문에 아티스트가 불필요하게 더 큰 상처를 입을 수도 있기 때문이다. 예쁘고 잘생긴, 그리고 끼까지 넘치는 친구들이 모인 이 산업에서 어떻게 문제가 없을 수 있을까. 하지만 문제가 생길 때마다 전부 공개한다면, 팬들이 아티스트에게서 느끼는 판타지가 깨져버릴 수도 있다.

아티스트 보호와 회사의 딜레마

이런 딜레마 속에서 현실적인 고민이 생기곤 한다. '회사는 과연 어디까지 아티스트를 보호할 것인가'라는 부분이다. 때로는 회사가 억울하리만치 모든 것을 떠안고 가는 경우도 있다. 아티스트에게 향할 화살을 회사가 대신 맞는 거다. 하지만 이런 노력에도 불구하고, 아티스트가 '문제가 생기기 전에 회사가 먼저 나서서 정리해주는 게 당연한 거 아니야?'라고 생각하며 적반하장식으로 나오는 경우도 있다.

 이런 상황이 반복되면, 회사는 결국 아티스트를 '손절'하는 전략을 선택하기도 한다. 예전처럼 회사가 아티스트의 모든 것을 통제하는 것은 인권 침해인 것은 물론이고, 불가능한 시대가 되었으니까. 그렇다고 해서 아티스트 개인의 일탈에 대해 회사가 선을 긋고 무심하게 대응하는 것도 말이 안 된다. 왜냐하면 아티스트 한 명은 수많은 사람의 도움과 회사의 노력으로 만들어진 'IP(지적재산권)'이기 때문이다. 수많은 사람의 땀과 노력이 한순간의 잘못된 행동으로 파괴될 수도 있으니까.

대체 불가능한 아이돌 vs 대체 가능한 시스템

 이 문제를 해결하기 위해 여전히 고민하고 있다.

그리고 이 고민의 끝에서 '대체 불가능한 아이돌'을 만들기보다는 '대체 가능한 시스템'을 만드는 데 노력해야 한다는 결론에 도달했다.

아티스트는 한 명의 사람이고, 실수를 할 수 있다. 하지만 그 한 사람의 실수로 인해 시스템 전체가 무너져서는 안 된다는 것이다. 멤버 한 명의 문제로 그룹 전체가 해체되거나 활동을 중단하는 것이 아니라, 그룹의 컨셉과 정체성을 유지하면서 멤버를 교체하거나 새로운 시스템을 구축할 수 있는 유연성을 갖추는 것이다. 이런 시스템은 아티스트 개인의 위험을 줄일 뿐만 아니라, 그룹 전체의 지속 가능성을 높이는 데도 큰 도움이 된다.

이러한 접근 방식은 아티스트 한 명을 보호하는 것을 넘어, 팬들과의 신뢰를 유지하고 장기적으로 안정적인 활동을 이어갈 수 있는 기반을 다지는 중요한 전략이라고 생각한다. 나도 아직 이 문제를 완전히 풀지는 못했지만, 앞으로도 계속해서 고민해나갈 것이다.

긍정적 이미지를 유지하기 위한 전략
아티스트의 긍정적인 이미지를 장기적으로 유지하는 방법에 대해 현장에서 직접 느끼고 고민했던 부분

팬에 대한 존중과
기만하지 않는 태도

아티스트의 긍정적 이미지를 유지하는 방법에는 여러 가지가 있겠지만, 그중에서도 가장 중요한 두 가지를 꼽고 싶다. 첫째는 사고를 치지 않는 것, 그리고 둘째는 팬들을 기만하지 않는 것이다.

사회 공헌 활동이나 팬들과의 꾸준한 소통도 물론 좋은 방법이지만, 그것보다 훨씬 더 근본적인 것이 바로 이 두 가지다. 특히 아이돌 팬덤 문화는 일종의 판타지 놀이와 유사 연애 감정이 결합된 독특한 형태를 띠고 있다. 팬들은 아티스트에게서 현실을 벗어난 환상과 꿈을 보고 싶어 한다. 아티스트는 그 환상이 깨지지 않도록 노력하는 것만으로도 충분히 좋은 이미지를 쌓을 수 있다. 팬들의 순수한 마음을 존중하고, 그들에게 불필요한 상처를 주지 않는 것이 장기적인 신뢰를 구축하는 가장 중요한 기반이 된다.

스태프를 대하는 태도,
그 이상의 의미

또 하나 정말 중요하다고 생각하는 것은 바로 스태프에게 잘하는 것이다. 아티스트와 가장 가까운 곳에서 함께 일하는 사람들이 바로 스태프들이니까. 이들에게 잘하는 아티스트들은 자연스럽게 미담이 끊이지 않는다. 반면 스태프들을 함부로 대하는 아티스트는 결국 그 소문이 퍼지게 마련이다. 한 스태프가 친구에게 스트레스와 상처를 털어놓고, 그 친구는 또 다른 친구에게 이야기를 전하는 과정에서 소문은 꼬리에 꼬리를 물고 퍼져나가게 된다.

물론 소문 중에는 사실이 아닌 것도 있겠지만, 미담이 쌓여 있는 아티스트는 이상한 소문이 공격해 왔을 때 이를 반박할 수 있는 '방어력'을 갖게 된다. 평소에 얼마나 좋은 사람인지 알고 있는 사람들이 많아지니까. 하지만 스태프들에게 미움을 사는 아티스트는 작은 소문에도 쉽게 타격을 입게 된다.

왕관의 무게를
견디는 일

나는 아티스트가 스태프들에게 잘 못하는 상황도 어느 정도 이해한다. 극도로 피곤한 스케줄은 사람의 진을 다 빼놓는다. 며칠 밤을 새우는 것처럼 극한의 상황에 놓이면, 아무리 착한 사람이라도 자기도 모르게 예민해지고 짜증이 날 수 있다. 하지만 그렇다고 해서 모든 것이 용서되는 것은 아니다.

스타가 되고 왕관을 쓰기 위해서는 그 무게를 견뎌야 한다. 대중의 사랑을 받는 만큼, 그에 따르는 책임감도 함께 짊어져야 한다. 스태프에게 친절하게 대하고, 팬들의 기대를 저버리지 않으며 자신의 삶을 모범적으로 관리하는 것, 이것은 단순히 좋은 사람이 되기 위한 노력을 넘어, 아티스트로서 장기적으로 생존하기 위한 필수적인 전략이라고 생각한다.

이러한 노력들이 쌓여야만 아티스트는 일시적인 인기를 넘어 팬들과 대중에게 오랫동안 사랑받는 존재로 남을 수 있다.

컴백 시 이미지 변신과 대중의 기대감
잦은 변신은 독, 신중한 '한 방'이 남긴다

**길을
정하는 것**

컴백을 앞두고 이번에는 어떤 모습을 보여줘야 할까? 하는 고민은 모든 아티스트와 제작자에게 가장 큰 숙제일 것이다. 어떤 아티스트는 끊임없는 변신 그 자체가 컨셉이 되어야 할 수도 있고, 또 어떤 아티스트는 자신만의 스타일을 굳건히 유지하고 강화하는 방식으로 나아가야 할 수도 있다. 여기서 중요한 것은 변신의 유무 자체가 아니라, 어떤 '길'을 선택하느냐 하는 점이다.

변신을 할 것인지, 아니면 기존의 이미지를 심화시킬 것인지에 대한 답은 그룹의 정체성과 팬덤의 특성에 달려 있다. 무조건 새로운 모습만 보여줘야 한다는 강박은 오히려 독이 될 수 있다. 대중과 팬들이 납득하고 환호할 만한 매력적인 변신은, 아티스트가 나아가고자 하는 방향성을 명확히 보여줄 때 완성된다.

이미지
총량의 법칙

이미지 변신에 대해 고민할 때 가장 중요하게 생각하는 것은 '이미지를 너무 빠르게 소진하지 않는 것'이다. 세상이 워낙 빠르게 변하다 보니, 아티스트나 회사가 조급한 마음에 너무 많은 컨셉을 압축해서 보여주거나, 변신 주기를 지나치게 짧게 가져가는 경우가 있다. 이런 시도는 단기적으로는 화제를 모을 수 있지만, 장기적으로는 아티스트의 고유한 매력을 희미하게 만들고, 팬들의 피로감을 높일 수 있다.

나도 아티스트가 너무 자주 헤어 색깔을 바꾸거나 급격한 변신을 시도하는 것을 선호하지 않는다.

변신에는 분명한 '이유'가 있어야 한다고 믿기 때문이다. 좀 더 새로운 모습을 보고 싶다는 팬들의 바람이 충분히 쌓였을 때 변화를 시도하는 것이 좋다. 아티스트가 먼저 너무 조급하게 변신을 시도하면, 그 조급함이 팬들에게도 전달되어 이미지 소비만 가속화하는 결과를 낳을 수 있다.

물론 예외는 있다. 세상에 몇 안 되는 천재적인 아티스트들은 무궁무진한 크리에이티브를 가지고 있어서 매번 새로운 변신을 시도해도 그들만의 색깔을 잃지 않는다. 하지만 그런 타고난 아티스트를 무작정 따라 하려다가는 자신만의 페이스를 잃고 오히려 역효과를 낼 수 있다.

신중한 변신의 임팩트

그래서 컴백 시의 변신은 좀 더 신중하게 결정해야 한다고 생각한다. 매번 새로운 모습을 보여주기보다는, 한 번의 변신이 강력한 임팩트를 남길 수 있도록 기획해야 한다. 마치 한 방을 노리는 것처럼.

이러한 전략은 단순히 이미지 변신에 그치지 않는다. 아티스트가 팬들에게 새로운 이야기를 들려주고, 다음 챕터로 넘어가는 의미 있는 '시프트shift'가 되어야 한다. 신중하고 의미 있는 변신은 팬들에게는 기다림의 미학을, 대중에게는 다음 컴백을 기대하게 만드는 힘을 줄 수 있다.

PART 3

확장과 실험,
그리고 도전

유닛, 솔로, 콜라보

팬 참여형 아이돌

메가 그룹, 대규모 인원 그룹

굿즈와 IP 비즈니스

유닛, 솔로, 콜라보

PART 3

확장과 실험, 그리고 도전

이달의 소녀와 트리플에스의 유닛 시스템
유닛이 모여 완전체가 되는 새로운 방정식

조립형 아이돌의
탄생

대부분의 아이돌 그룹에게 유닛 활동은 완전체 활동의 '곁가지'나 '부가 활동'에 가깝다. 하지만 이달의 소녀와 트리플에스는 이 유닛 활동을 그룹의 근본적인 정체성으로 삼았다는 점에서 매우 독특하다.

이달의 소녀는 처음부터 여러 유닛(이달의 소녀 1/3, ODD EYE CIRCLE, yyxy)이 먼저 활동하고, 그 유닛들이 '합체'되었을 때 비로소 '이달의 소녀'라는 완전체가 된다는 개념으로 설계되었다. 즉 완전체가 먼저 존재하고 유닛이 파생되는 것이 아니라, 유닛들이 먼저 존재하고 그 합으로 완전체가 만들어지는 것이다. 이 전략은 각 유닛이 고유한 서사와 매력을 쌓아 팬덤을 형성하고, 최종적으로 완전체가 되었을 때 그 모든 에너지가 폭발하는 효과를 낳았다.

트리플에스는 이 개념을 한 단계 더 진화시켰다. 24명의 멤버들은 각자 평범한 '작은 s'로 시작한다. 이들이 자신의 잠재력을 발견하고 표현할 때 비로소 '큰 S'가 된다. 그리고 팬들의 선택에 따라 멤버들이 모여 '디멘션(유닛)'을 형성하는 것이 트리플에스의 핵심 컨셉이다. 1년에 한 번씩은 24명의 멤버가 '어셈블'이라는 이름으로 모두 모여 거대한 에너지를 보여준다.

이러한 유닛 시스템은 '완전체(멤버1, 멤버2, …, 멤버24)'가 아니라, '멤버1 + 멤버2 + … + 멤버24 = 완전체'라는 새로운 방정식을 제시한다. 개별 멤버들의 캐릭터와 매력이 훨씬 더 중요해지는 구조다.

복잡함을 즐기는
팬들을 위한 전략

이러한 복잡한 시스템을 불편해하거나 어려워하는 팬들도 있을 수 있다. 기존의 수많은 아이돌 그룹처럼 '완제품'으로 존재하는 팀을 선호하는 분들이 있다. 하지만 이달의 소녀와 트리플에스는 그런 팬들만을 겨냥한 것이 아니다.

이달의 소녀와 트리플에스는 좀 더 복잡하고 깊이 있는 세계관을 즐기며, 직접 조합하고 만들어가는 것을 좋아하는 팬들을 위해 탄생한 그룹이라고 할 수 있다. 마치 레고나 로블록스를 좋아하는 사람들이 있는 것처럼. 팬들은 소비하는 것을 넘어, 투표나 다양한 활동을 통해 그룹의 방향성에 직접 참여하며 그룹과 함께 성장하는 '경험'을 한다. 이러한 참여형 시스템은 팬들에게 엄청난 몰입감과 소속감을 제공하며, 단순한 팬심을 넘어 그룹에 대한 애정을 더욱 단단하게 만든다.

이 전략이 모든 그룹에게 맞는 것은 아니다. 파

워퍼프걸처럼 이미 완성된 매력을 즐기는 팬들도 분명히 많으니까. 하지만 이달의 소녀와 트리플에스는 유닛 시스템을 통해 기존 아이돌 시장에 없던 새로운 팬덤을 개척하고, 멤버 개개인의 서사를 풍부하게 만들었다는 점에서 큰 의미가 있다고 생각한다.

솔로 활동
그룹 출신 솔로와 오리지널 솔로 아티스트의 기획 전략

그룹 출신 솔로와
오리지널 솔로,
그 근본적인 차이

아티스트의 솔로 활동을 기획할 때, 나는 먼저 이 아티스트가 그룹 출신인지, 아니면 처음부터 솔로로 시작했는지를 구분한다. 이 두 경우는 접근 방식이 완전히 다르기 때문이다.

그룹에서 솔로로 전향한 아티스트의 경우, 대부분은 그룹 활동을 통해 쌓은 인지도와 이미지를 바탕으로 하는 스핀오프spin-off 개념이 강하다. 팬들은 이미 그룹 활동을 통해 멤버의 개성과 매력을 충분히 알고 있다. 따라서 기획 전략의 핵심은 그룹이라는 틀 안에서 다 보여주지 못했던 숨겨진 매력이나 음악적 역량을 부각하는 것에 있다. 팬들이 기대하는 바를 충족시키면서도, 그룹 활동과는 차별화된 새로운 모습을 보여주는 것이 관건이다. 그룹에서는 보컬 라인이었지만 솔로 앨범에서는 직접 작사 작곡에 참여해 음악적 깊이를 보여주거나, 평소 그룹에서는 맡지 않던 강렬한 퍼포먼스 컨셉을 시도하는 식이다.

반면 오리지널 솔로 아티스트는 완전히 다른 방식으로 접근해야 한다. 이들에게는 그룹 활동을 통해 형성된 기본값이 없기 때문에, 처음부터 아티스트의 스타일 그 자체를 규정하고 구축하는 것이 가장 중요하다. 음악, 비주얼, 퍼스널리티, 풍기는 무드까지, 모든 요소가 유기적으로 연결되어 하나의 매력적인 '레이어'를 쌓아 올려야 한다. 그룹처럼 여러 멤버들의 조화나 불협화음을 보여줄 필요가 없기 때문에, 오히려 한 사람의 매력을 완벽하게 다듬고 극대화하는 데 집중할 수 있다는 장점이 있다.

솔로 활동의 장점과
A&R의 역할

개인적으로 솔로 아티스트를 기획하는 것이 그룹보다 훨씬 쉽고 용이하다고 생각한다. 여러 사람의 의견과 개성을 조율해야 하는 그룹과 달리, 솔로 아티스트는 하나의 완벽한 스타일을 만들어내는 데 집중할 수 있기 때문이다. 기획자는 아티스트와 심도 깊은 대화를 나누며 그의 내면, 취향, 추구하는 방향을 파악하고, 이를 음악과 비주얼로 구현하는 데 모든 역량을 쏟을 수 있다.

이 과정에서 A&R의 역할은 매우 중요해진다. A&R은 단순히 좋은 곡을 찾아주는 것을 넘어 아티스트가 가진 잠재력을 꿰뚫어 보고 그에게 가장 잘 맞는 음악적 색깔을 찾아주는 큐레이터 역할을 해야 한다. 아티스트의 목소리 톤에 어울리는 장르를 제안하거나, 퍼스널리티가 돋보일 수 있는 가사나 컨셉을 함께 고민하는 것이다. 궁극적으로 A&R은 아티스트가 대체 불가능한 존재로 자리매김할 수 있도록 돕는 역할을 해야 한다.

    물론 솔로 아티스트도 고민이 없는 것은 아니다. 모든 것을 혼자 감당해야 하는 외로움과 부담감, 그리고 대중의 기대치를 뛰어넘어야 한다는 압박감은 솔로만이 겪는 어려움이다. 하지만 그 무게를 이겨내고 자신만의 독보적인 스타일을 구축했을 때, 솔로 아티스트는 그 누구도 따라올 수 없는 강력한 존재감을 갖게 된다.

콜라보레이션
아티스트의 다양한 시도를 기획할 때의 목적과 기대 효과

의외의 조합이 주는 신선함

현대 사회에서 창의성은 종종 예상치 못한 곳에서 탄생한다. 전혀 다른 분야의 두 가지가 만나 새로운 가치를 만들어낼 때 대중은 흥미를 느끼고 관심을 갖게 된다. 나는 기획 단계에서부터 '의외의 조화와 결합'을 상상하는 것을 좋아한다. 실제로 이루어지지 않더라도, 이것과 이것이 만나면 어떨까? 하고 계속 고민해보는 것만으로도 큰 도움이 되기 때문이다.

전에 한 유명 아이돌 그룹이 KBS 〈아침마당〉이라는 프로그램에 출연해 큰 화제를 모은 적이 있었다. '잘나가는 아이돌이 왜 아침 프로그램에 나오지?'라는 의외의 반응이 오히려 바이럴 효과를 일으킨 것이다. 이처럼 '퀄리티와 퀄리티가 만나 예상되는 조합'도 물론 의미 있지만, 예상을 벗어나는 그 무언가가 훨씬 더 재미있고 강력한 힘을 발휘한다고 생각한다.

아티스트의 콜라보레이션은 단순한 협업을 넘어, 다양한 목적을 가지고 기획된다.

첫째, 새로운 음악적 시도와 확장. 아티스트가 평소 시도하기 어려웠던 장르에 도전하고, 새로운 음악적 색깔을 보여주는 것이다. 힙합 아티스트와 발라드 가수가 만나거나, 아이돌이 인디 뮤지션과 협업하는 경우다. 이를 통해 아티스트는 음악적 스펙트럼을 넓히고, 팬들에게 신선한 매력을 선사할 수 있다. 새로운 팬층을 유입하고, 아티스트의 역량을 재평가받는 계기가 되기도 한다. 특히 음악적 한계에 부딪혔을 때, 새로운 협업은 돌파구를 마련해주기도 한다.

둘째, 브랜드 이미지 강화 및 팬덤 확장. 다른 아티스트나 브랜드와의 협업을 통해 서로의 이미지를 보완하고, 시너지를 창출하는 것이다. 청순한 이미지의 아이돌이 강렬한 래퍼와 콜라보해 기존 팬덤 외의 대중에게도 어필하거나, 유명 패션 브랜드와 협업하여 아티스트의 세련된 이미지를 강조하는 경우다. 이때는 콜라보 상대방의 팬덤까지 흡수할 수 있는 기회를 얻는다. 또한 아티스트가 가수를 넘어 패션, 문화 등 다양한 영역에서 영향력을 가진 존재로 자리매김하게 되기도 한다.

셋째, 대중적 인지도 상승 및 화제성 확보. 유명한 아티스트나 예상치 못한 분야의 브랜드와 협업하여 대중의 이목을 집중시키고, 화제성을 확보하는 것이다. 새로운 앨범이나 활동에 대한 기대감을 높이는 데 효과적이다. 평소 K-POP에 관심이 없던 대중에게도 그룹의 이름을 알릴 수 있다. 특히 유튜브나 틱톡 등 뉴미디어를 통해 바이럴을 유도하는 콘텐츠를 만들 때, 이런 의외의 조합은 강력한 무기가 된다.

콜라보레이션은 아티스트의 성장에 새로운 활력을 불어넣고, 팬들에게는 예상치 못한 즐거움을 주는 중요한 기획 전략이 되기도 한다.

팬 참여형
아이돌

트리플에스의 코스모 시스템
앞으로 K-POP 산업이 어떻게 진화할지에 대한 개인적인 생각

팬덤 소비의 양극화와 팬 참여의 중요성

미래의 아이돌 콘텐츠 소비는 라이트한 소비와 헤비한 소비로 극단적으로 양극화될 것이라고 생각한다. 라이트한 소비는 스트리밍이나 유튜브 시청처럼 금전적 부담이 적은 방식으로 그룹을 즐기는 것이고, 헤비한 소비는 앨범 구매, 콘서트 참여 등 자신의 소비 금액을 적극적으로 할당하는 방식이다.

나는 모드하우스가 바로 이 '헤비한 소비'를 지향하는 팬들을 위한 회사라고 생각한다. 콘텐츠를 소비하는 것을 넘어, 그룹의 방향성에 직접 관여하고 능동적으로 참여하고 싶은 팬들을 위한 시스템을 만들고 싶었기 때문이다. 〈프로듀스 101〉 같은 프로그램은 투표를 통해 멤버를 선발하면 그 후에는 팬들의 역할이 제한되지만, 나는 매주 투표를 하는 재미를 팬들에게 주고 싶었다. 다만 누가 탈락하고 누가 뽑히는지 결정하는 투표가 아니라, 팬들의 결정에 따라 그룹이 한 걸음씩 나아가는 게임 같은 시스템을 만들고 싶었다.

팬덤을 프로듀서로 만드는 코스모 시스템

트리플에스의 코스모 시스템은 팬들이 그룹의 프로듀서 역할을 하는 새로운 형태의 기획 방식이다. 멤버 구성을 결정하는 디멘션 투표부터, 앨범 타이틀곡 선정, 심지어는 유닛의 컨셉까지 팬들이 직접 참여해 결정한다. 이러한 시스템은 팬들이 콘텐츠를 소비하는 수동적인 존재가 아니라, 그룹의 성장을 함께 만들어가는 능동적인 주체로 자리매김하게 만든다.

이런 방식이 모든 그룹에 적용될 수는 없을 것이다. 하지만 엔터테인먼트 산업은 앞으로 이렇게 고관여 팬덤에 의해 더욱 활성화될 것이라고 생각한다. 라이트한 팬들은 그늘의 방식으로 그룹을 소비하는 것만으로도 충분히 의미 있는 일이지만, 결국 그룹의 핵심은 충성도 높은 팬들을 얼마나 확보하느냐에 달려 있으니까.

여기서 내가 말하는 '충성도'는 단순히 회사가 하는 일에 무조건 찬성하는 것을 의미하지 않는다. 때로는 비판의 목소리를 강하게 내는 팬들 역시 충성도의 반증이라고 생각한다. 그만큼 그룹에 깊이 몰입하고 애정을 갖고 있다는 뜻이니까.

더욱 진화하는
관계

앞으로 K-POP 산업에서 팬 참여의 역할은 더욱 진화할 것이다. 앨범 구매나 투표를 넘어, 팬들이 직접 창작물을 만들고 공유하며 그룹의 세계관을 확장하는 팬덤 커뮤니티의 역할이 더욱 커질 것이라고 본다. 팬들이 만든 팬픽, 팬아트, 2차 창작물이 그룹의 공식 콘텐츠처럼 소비되거나, 팬들이 직접 기획한 이벤트가 그룹의 활동에 반영될 수도 있겠다.

팬과 아티스트, 그리고 회사의 관계는 일방적인 제공과 소비에서 쌍방향적인 협업과 소통으로 변화할 것이라는 게 내 생각이다. 이러한 변화 속에서 팬덤을 소비자로만 보는 것이 아니라, 그룹의 성장을 함께 만들어가는 소중한 파트너로 인식하는 것이야말로 앞으로 K-POP 산업을 이끌어갈 중요한 성공 전략이 될 것이라고 생각한다.

블록체인, NFT 기술의 아이돌 산업 적용 모드하우스의 오브젝트 시스템에 대한 고민들

포토카드와 NFT의
혁신적인 결합

나는 모드하우스가 만든 '오브젝트' 시스템이야말로 K-POP 산업의 미래라고 생각한다. 오브젝트는 기존 아이돌 굿즈의 상징이었던 실물 포토카드와 블록체인 기술을 활용한 디지털 포토카드(NFT)를 결합한 개념이다.

왜 이런 시도가 중요하냐면, 오랫동안 팬덤의 소유와 애정을 상징했던 포토카드는 물리적 실체에 머물러 있었기 때문이다. 하지만 지금은 디지털 세계가 또 하나의 현실이 된 시대다. 팬들은 핸드폰과 인터넷 공간에서 훨씬 더 많은 시간을 보내고, 그 안에서

서로 소통하고 싶어 한다. 그런데 기존의 포토카드는 디지털 공간에서 '진짜'라는 것을 증명하기 어려웠다. 온라인 커뮤니티로 그 가치를 온전히 옮겨올 수 없었다는 뜻이다.

오브젝트는 이 문제를 해결했다. 포토카드를 NFT라는 기술로 디지털화하여 디지털 소유권을 부여한 거다. 온라인에서 인증할 수 있다는 차원을 넘어, 팬들이 그 디지털 카드를 가지고 그들만의 온라인 커뮤니티를 만들고, 서로 거래하고 소통하며 새로운 가치를 창출할 수 있게 한 것이다.

리니지의 집행검과
팬덤 커뮤니티

이 개념이 조금 어렵게 느껴질 수도 있다. 〈리니지〉 게임 속 '집행검'이 1억 원이 넘는 가격에 거래되는 것을 이해하지 못하는 사람들에게는 그저 쓸데없는 짓으로 보일 수 있지만, 리니지 세계관에 푹 빠진 사람들에게는 그 어떤 물리적인 물건보다 값어치 있는 존재인 것처럼 말이다. 아이돌 팬덤 역시 강력한 커뮤니티이다. 오프라인과 피지컬 앨범에 초점이 맞춰져 있던 소비 경험을, 오브젝트는 '니시털 매트릭스'라는 새로운 공간의 경험으로 확장시켜주었다.

이렇게 말하면 너무 상업적으로 보일까 봐 걱정되기도 한다. 하지만 나는 아티스트를 위해 많은 돈과 시간을 쓴 팬들의 노력이 '기록'되고, 그에 합당한 가치를 얻는 것이 중요하다고 믿는다. 블록체인 기술은 팬들의 활동을 투명하게 기록하고, 그것이 하나의 레벨이나 경험치처럼 쌓이게 만들 수 있다. 단순히 돈을 쓴 팬뿐만 아니라, 돈이 없더라도 온라인상에서 시간과 노력으로 그룹을 홍보하고 응원한 팬들의 열정 역시 정당하게 인정받아야 한다고 생각한다.

유료 팬덤과
무과금 유저의 열정

많은 분들이 오브제트가 '돈이 많이 드는 자본주의적 굿즈'라고 생각하기도 한다. 하지만 나는 오브제트를 '돈을 주고 살 수도 있고, 노력을 통해 얻을 수도 있는 구조'로 설계했다. 실제로 돈은 없지만 엄청난 열정을 가진 팬들은 이벤트 참여를 통해 수많은 오브제트를 모을 수 있다. 나는 무과금 유저들의 열정을 절대 무시해서는 안 된다고 생각한다.

블록체인 기술은 돈 많은 팬들만을 위한 것이 아니다. 그룹에 대한 애정을 다양한 방식으로 표현하고 싶은 모든 팬들의 노력을 기록하고, 그 노력을 알아주는 공정한 시스템을 만들 수 있는 잠재력을 가지고 있다. 앞으로 이런 기술들이 팬덤 문화를 어떻게 더 풍요롭게 만들 수 있을지, 계속해서 고민해 나갈 것이다.

팬 참여형 콘텐츠 및 크라우드 펀딩
엔터테인먼트 산업에 어떤 변화를 가져올지에 대한 개인적인 고민

엔터테인먼트 비즈니스 모델에 대한 근본적인 질문

나는 엔터테인먼트의 비즈니스 모델을 바꾸는 것에 큰 관심이 있다. 가령 나는 끊임없이 이런 질문들을 던져본다. 왜 꼭 음악의 물리적 미디어는 CD여야 하는가? 지금 K-POP 시장에서 판매되는 수많은 CD들 중, 실제로 CD 플레이어에 들어가 재생되는 비율은 아마 1%도 되지 않을 것이다. 그런데도 우리는 왜 CD라는 형식을 고수하고 있는 걸까?

나아가 인디 아티스트들은 앞으로 어떻게 돈을 벌 수 있을까? 스트리밍 수익만으로는 생계를 유지하기 어려운 것이 현실이다. 어떤 굿즈를 팔아야 팬들에게 자연스럽게 수익을 창출할 수 있을까? 이런 질문들은 결국 미래의 음악 비즈니스 모델은 무엇일까? 하는 핵심적인 고민과 맞닿아 있다.

오브젝트, 팬덤의 결속력과 초기 자금 마련을 넘어

이런 고민 속에서 나는 모드하우스의 오브젝트 판매를 통해 아티스트에게 직접 정산해주는 구조에 큰 의미를 부여하고 있다. 지금은 우리 팬들만 알아주는 시스템이지만, 나는 이 정산 구조가 앞으로의 음악과 아이돌 시장을 바꿀 것이라고 확신한다.

기존의 아이돌 산업은 회사가 투자한 금액(손익분기점)을 넘겨야만 아티스트가 정산을 받을 수 있는 구조였다. 회사 입장에서는 큰 금액을 투자하기 때문에 논리적으로 타당할 수 있다. 하지만 그럼에도 불구하고, 나는 그와 별개로 아티스트의 노력에 대한 직접적인 보상이 없다면 동기 부여가 떨어진다고 생각했다. 아침 일찍 일어나 음악 방송을 하고 팬 사인회를 했는데, 목표만큼의 인기를 얻지 못했다고 해서 단 한 푼도 벌어가지 못하는 구조가 과연 옳은가? 나는 그렇게 생각하지 않았다.

물론 회사가 계속 손해를 보면서 멤버들에게 돈을 줘야 하는 것도 쉬운 결정이 아니다. 하지만 그런 부담 때문에 회사가 비즈니스를 지속하지 못하고 그룹이 해체된다면 그것 또한 불행한 일이니까.

팬 참여가 만드는
새로운 가치와 비즈니스 모델

그래서 나는 오브젝트(아티스트의 초상)에 대한 판매 수익은 손익분기점과 상관없이 아티스트에게 직접 정산해주는 시스템을 도입했다. 이렇게 함으로써 아티스트는 노력에 대한 즉각적인 보상을 받으며 즐겁게 활동할 수 있다.

팬들에게도 이 사실을 투명하게 알린다. '당신들

의 소비를 통해 아티스트가 돈을 벌고, 사고 싶었던 물건을 사고, 부모님께 용돈까지 드릴 수 있다'는 것을 보여주는 것이다. 이것은 단순히 자금을 모으는 것을 넘어, 팬들에게 자신이 그룹의 성장에 직접적인 기여를 하고 있다는 강력한 결속력과 만족감을 준다. 팬들은 소비자를 넘어 프로듀서라는 역할을 수행하며, 그룹의 성공을 위한 투표와 참여에 더 적극적으로 임하게 된다.

　더 나아가 나는 무과금 유저들의 열정을 무시하면 안 된다고 생각한다. 오브젝트는 돈으로 살 수도 있지만, 특정 이벤트 참여를 통해 얻을 수도 있는 구조로 설계했다. 돈은 없지만 엄청난 시간과 노력으로 그룹을 응원하는 팬들의 열정을 시스템적으로 기록하고 보상하는 것은, 팬덤의 규모와 충성도를 동시에 강화하는 중요한 전략이다. 팬들의 참여가 곧 그룹의 새로운 자원이 되는 것이다.

메가 그룹,
대규모 인원 그룹

24인조 다인원 그룹
멤버 한 명 한 명이 가진 독특한 서사가 거대한 세계관을 이루는 작은 사회

다인원 그룹의 매력

24인조처럼 인원수가 매우 많은 그룹을 기획할 때 가장 먼저 듣는 이야기는 "누가 누군지 모르겠다"거나 "입덕 장벽이 너무 높다"는 말이다. 나도 그 말이 맞다고 생각한다. 하지만 다인원 그룹의 장점은 인원수가 많다는 것이 아니라고 본다. 중요한 것은 그 많은 인원이 저마다의 독특한 캐릭터를 가지고 팬들과 연결되었을 때, 그 누구도 헤어나올 수 없는 강력한 매력을 발산한다는 점이다.

다인원 그룹은 팬들로 하여금 각자의 '최애'를 발견하고, 그 멤버가 가진 성격과 서사를 다른 멤버의 서사와 연결하며 자신만의 스토리를 만들어가는 캐릭터 소셜 게임과 같다. 팬마다 그룹을 바라보는 관점이 달라지고, 시점과 시나리오의 경우의 수가 기하급수적으로 늘어난다. 이러한 다중적인 재미는 팬덤의 몰입도를 극대화하고, 멤버 한 명 한 명이 가진 매력을 깊이 있게 탐구할 수 있는 원동력이 된다. 나는 이 과정에서 팬들이 받아들일 수 있는 최대치가 24명이라고 보았고, 그에 맞춰 트리플에스라는 팀을 설계했다.

현실적인 어려움과 프로페셔널리즘

24인조 그룹을 운영하는 것은 현실적인 어려움이 많다. 가장 먼저 떠오르는 것은 관리의 어려움이다. 한두 명의 멤버를 케어하는 것도 힘든데, 24명의 멤버를 관리하려면 그야말로 손이 많이 가고 매일이 정신없다. 하지만 나는 이러한 어려움을 사회적인 합의 안에서 해결하려고 노력한다.

24명이나 되는 멤버들은 그 자체로 하나의 작은 사회일 수밖에 없다. 나는 이 '멤버들로 이루어진 사회'와 '모드하우스 스대프들로 이루어진 사회'라는 두 개의 큰 사회가 합리적이고 상식적인 규칙을 만들어낼 수 있다고 믿는다. 멤버들에게 '여기는 취미로 모인 동호회도 아니고, 랜덤하게 모인 학교도 아니다. 우리는 꿈을 위해 모였지만, 동시에 직업이라는 프로페셔널의 영역에 있다'는 사실을 끊임없이 설명하고 이해시킨다. 서로에게 예의를 지키고 책임감 있게 행동하는 것이 프로페셔널리즘의 기본이라고 강조하는 것이다.

높은 비용, 그리고 오브젝트가 주는 안정감

다인원 그룹은 당연히 높은 비용을 수반한다. 숙소, 식비, 의상, 헤어, 메이크업 등 모든 면에서 인원

수에 비례해 비용이 기하급수적으로 늘어난. 하지만 나는 이 높은 비용을 감당할 수 있는 새로운 비즈니스 모델을 구축했다.

바로 멤버 개인의 초상으로 이루어신 디지털 포토카드 오브젝트다. 이 디지털 굿즈는 기존의 앨범 판매와는 별개로, 멤버 개인의 활동에 대한 직접적인 수익을 창출한다. 멤버 한 명 한 명이 가진 개별적인 IP를 통해 수익을 창출함으로써, 우리는 비슷한 규모의 다른 그룹보다 훨씬 더 많은 매출을 일으키고 있다. 이 수익은 아티스트에게 직접 정산되며, 다음 프로젝트를 진행할 때 더욱 안정적인 기반을 마련해 준다.

높은 비용이라는 현실적인 벽을, 개별 멤버들의 매력과 팬들의 적극적인 참여가 결합된 새로운 비즈니스 모델로 돌파하는 것. 이것이 24인조 그룹을 기획하면서 내가 가장 집중하고 있는 부분이자, 앞으로의 엔터테인먼트 산업이 나아가야 할 방향이라고 생각한다.

많은 멤버를 효율적으로 관리하고 활용하는 법
팀워크를 유지하고 효율을 이끌어내는 노하우

시스템이 답이다

24인조와 같은 다인원 그룹을 성공적으로 운영하려면 어떻게 해야 할까? 나는 그 답이 바로 견고한 시스템에 있다고 생각한다.

트리플에스는 특정 멤버의 인기에 의존하는 대신, 시스템을 통해 각 멤버가 가진 개성을 끌어내고 그들의 이상을 추구하는 것을 목표로 한다. 멤버들은 모두 유명해지고 성공하고 싶겠지만, 그 외의 구체적인 목표나 가치관은 다를 수밖에 없다. 누군가는 성공을 위해 자신을 기꺼이 희생할 수 있지만, 누군가는 자신의 행복이 더 중요할 수도 있다. 이처럼 모든 멤버의 욕구를 100% 만족시켜줄 수는 없기 때문에, 우리는 명확한 시스템을 통해 각자의 불만이 개인의 감정적인 충돌로 이어지지 않도록 관리해야 한다.

이러한 시스템은 그룹 내부의 질서를 유지하는 것을 넘어, 멤버들의 잠재력을 극대화하는 데도 필수적이다. 유닛 활동이나 교체 시스템은 각 멤버가 자신의 강점을 가장 잘 보여줄 수 있는 환경을 제공하고, 새로운 조합을 통해 그룹의 다양한 매력을 끊임없이 보여줄 수 있다. 시스템화된 스케줄 관리와 포지션 분배는 멤버 개개인의 잠재력을 효율적으로 활용하면서도, 팀으로서의 일체감을 잃지 않도록 돕는다.

신뢰가 만드는
강력한 팀워크

이러한 시스템을 구축하는 것은 마치 하나의 작

은 사회를 만드는 것과 같다. 나는 이 세상이 개인의 집합으로 이루어져 있지만, 동시에 사회라는 시스템을 통해 서로를 믿고 협력하며 살아간다고 생각한다. 우리가 방송국에 있을 때 얼굴도 모르는 카메라 감독님을 믿고 일하는 것처럼, 그룹 활동도 마찬가지다. 멤버들은 서로를 신뢰하고, 회사라는 시스템을 믿고 자신의 역할을 다해야 한다.

팬들과의 관계도 마찬가지다. 팬들이 아티스트에게 사랑에 빠지고, 돈을 쓰고, 자신의 귀한 시간을 내어주는 것은 사실 굉장히 대단한 일이라고 생각한다. 나는 이 소중한 신뢰 관계를 더욱 단단하게 만드는 시스템을 구축하고 싶다. 회사는 아티스트를 상품화하는 데 그치는 것이 아니라, 팬들을 존중하고 그들의 기여에 대해 시스템 안에서 보상하는 방법을 찾아야 한다.

우리는 팬들의 능동적인 참여를 통해 그룹의 방향성을 결정하게 하고, 그 노력이 오브젝트라는 디지털 굿즈를 통해 투명하게 기록되도록 했다. 팬들은 자신이 직접 그룹의 성장에 기여하고 있다는 만족감을 느끼고, 팬덤의 결속력을 강화하고 그룹에 대한 충성도를 높이는 핵심적인 원동력이 된다.

결국 다인원 그룹의 성공은 멤버 개개인의 뛰어난 재능뿐만 아니라, 그들의 노력을 보상하고 팬들과의 신뢰를 유지하는 효율적이고 합리적인 시스템에 달려 있다고 생각한다.

다인원 그룹의 퍼포먼스 및 음악적 차별화
24인조 그룹의 퍼포먼스는 왜 다른 그룹의 무대를 '허전하게' 만드는 걸까

**시각적 임팩트의
전술적 활용**

다인원 그룹만이 보여줄 수 있는 가장 큰 강점은 바로 압도적인 시각적 임팩트다. 많은 인원이 한 무대에 섰을 때의 장악력과 존재감은 몇몇 소수 인원으로는 따라갈 수 없다. 때로는 다른 아이돌 그룹과 함께 무대에 서는 옴니버스 공연에 참여할 때가 있는데, 트리플에스 24인 완전체 뒤에 나오는 팀은 아무래도 무대가 왠지 모르게 허전해 보인다는 평을 듣곤 한다. 이는 무대를 꽉 채우는 인원수가 주는 강력한 인상 때문이다.

다인원 그룹은 무대 공간을 전술적으로 활용할

수 있다는 큰 이점을 가진다. 메인 무대뿐만 아니라 돌출 무대나 양 사이드 무대까지 다양한 공간이 주어졌을 때, 멤버들을 나누어 배치하여 다채로운 무대 연출을 시도할 수 있다. 축구 경기에서 4-4-2와 같은 유명한 포메이션이 있듯이, 다인원 그룹은 수십 가지의 다양한 포메이션을 활용하여 매번 새로운 안무와 무대 동선을 선보일 수 있다. 다채로운 포메이션은 보는 이에게 지루할 틈 없는 신선한 쾌감을 선사하고, 그룹의 퍼포먼스를 다른 팀과 차별화하는 핵심 요소가 된다.

넓은 스펙트럼과 다양한 조합

멤버 수가 많다는 것은 음악적으로도 큰 이점을 가져온다. 다양한 멤버 구성이 가능하기 때문에, 그룹의 음악적 스펙트럼을 넓힐 수 있다. 보컬 멤버의 음색과 역량이 매우 다양할 수 있고, 댄스 멤버들의 스타일 또한 각자 다를 수 있다. 이러한 다양한 강점들을 조합하여 특정 장르에 특화된 써클(유닛)을 구성하거나, 멤버들의 취향에 따라 세분화된 음악적 시도를 할 수 있다.

이 장점은 '멤버가 많다'는 것을 넘어 그룹의 본질적인 음악적 색깔을 풍부하게 만드는 중요한 요소가 된다. 한 앨범 안에서도 여러 유닛을 통해 청량한 팝, 강렬한 힙합, 서정적인 발라드까지 다양한 장르를 시도할 수 있다. 이러한 음악적 다양성은 팬들이 그룹의 음악을 다채롭게 즐길 수 있는 기회를 제공하기 때문에, 대중에게는 '이 그룹은 항상 새로운 것을 시도하는구나'라는 인상도 심어줄 수 있다.

다인원 그룹의 퍼포먼스와 음악적 차별화는 단순히 물량에 의존하는 것이 아니라, 다양성을 전략적으로 활용하여 시각적, 음악적으로 새로운 경험을 제공하는 것에 있다고 생각한다.

굿즈와 IP 비즈니스

굿즈 기획 및 제작
기념품에 불과했던 굿즈가 어떻게 K-POP 산업의 핵심 비즈니스 모델이 되었을까

굿즈의 진화

음악 산업의 역사를 살펴보면, 과거 미국과 영국에서는 굿즈가 음악과는 별개의 기념품 영역에 속했다. 앨범이나 콘서트의 성공에 따라 부가적으로 판매되는 티셔츠나 포스터 같은 개념이었던 것이다. 하지만 현대 대중문화에서 굿즈는 이제 아티스트 비즈니스의 가장 중요한 정점 중 하나가 되었다.

음악 스트리밍, 앨범, 콘서트, 굿즈라는 비즈니스 모델에서, 음악은 이제 공짜로도 쉽게 접할 수 있는 영역이 되었다. 물론 유료 스트리밍 플랫폼을 이용하는 팬들도 많지만, 음악이라는 콘텐츠 자체가 예전처럼 유료 미디어에만 담겨 있지 않아도 되는 시대가 온 것이다. 그렇다면 아티스트는 무엇으로 수익을 창출해야 할까? 기존처럼 콘서트가 가장 강력한 수익원이지만, 공연은 아티스트 본인이 직접 동원되어야 하므로 수익의 한계가 명확하다.

이러한 변화 속에서 굿즈라는 매체가 더욱 중요해졌다. 음악은 팬덤을 유입하는 '무료' 수단이 되고, 팬들은 음악이 아닌 아티스트의 페르소나와 그들의 세계관에 돈을 쓰게 된다. 팬들은 굿즈를 통해 아티스트에 대한 애정을 표현하고, 그룹의 브랜드를 일상 속에서 경험하며 소속감을 강화한다. 굿즈는 이제 단순한 상품 판매를 넘어, 팬과 아티스트를 연결하는 강력한 매개체가 된 것이다.

굿즈의 품질,
타협할 수 없는 원칙

나는 굿즈를 기획하고 제작할 때 항상 '돈값을

하는 품질'에 가장 신경을 쓴다. 나 역시 누군가의 팬으로서 굿즈를 구매했을 때, 기대에 못 미치는 품질의 제품을 만나면 큰 실망과 분노를 느낀다. 그렇기 때문에 내가 만드는 아티스트의 굿즈가 허접하다면 절대 용납할 수 없다.

굿즈 제작은 보통 IP를 제공하고 외부 업체에서 생산하는 방식으로 진행되는데, 이 과정에서 우리가 의도했던 퀄리티와 실제 제품 간에 불일치가 생기기도 한다. 하지만 나는 이럴 때 "우리는 IP만 줬는데, 업체가 허접하게 만들어서 억울하다"라고 말하는 직원들에게 화를 낸다. 팬들이 그런 복잡한 사정을 알 리 없지 않나? 팬들은 그저 아티스트가 좋아서 돈을 쓰는 것뿐인데, 변명하는 것은 의미가 없다. 팬들이 굿즈를 통해 느끼는 만족감은 곧 아티스트에 대한 충성도로 이어지기 때문에, 품질에 대해서는 절대 타협해서는 안 된다고 생각한다.

굿즈의 품목은 그때그때 유행하는 트렌드를 반영하여 다양하게 기획하지만, 어떤 품목이든 가장 중요하게 여기는 것은 바로 퀄리티다. 팬들의 소중한

지갑을 여는 만큼, 그들이 돈이 아깝지 않다고 느낄 수 있는 좋은 제품을 만드는 데 모든 노력을 기울여야 한다고 믿는다.

캐릭터, 웹툰 등 IP 확장

엔터테인먼트 산업의 미래는 과연 아티스트의 '캐릭터'가 음악을 넘어선 새로운 재산이 되는 시대일까?

IP,
20년 전에는 없던 새로운 재산

내가 이 일을 시작했던 20년 전만 해도, IP(지적재산권)라는 개념은 엔터테인먼트 업계에서 거의 언급되지 않았다. 가수라면 그냥 가수였고, 광고 모델은 본인 그 자체였다. 자신의 캐릭터가 곧 재산이 되고, 그 캐릭터를 활용하여 다양한 영역으로 사업을 확장할 수 있다는 인식 자체가 희박했다. 하지만 지금은 상황이 완전히 달라졌다. 나는 지금의 아티스트 IP가 우리가 경험해보지 못한 새로운 공간으로 뻗어 나갈 수 있다고 믿으며, 그에 대비하고 있다.

최근 몇 년 사이, AI 기술이 놀라운 속도로 발전하며 우리 모두를 놀라게 했다. 몇 년 전만 해도 챗GPT 같은 프롬프트 기반 AI가 이렇게 빠르게 성장할 줄은 상상도 못 했다. AI가 새로운 영역을 창줄하는 것처럼 아티스트 IP도 AI와 결합하거나 혹은 독립적으로 새로운 시장을 개척할 수 있다고 생각한다.

AI를 활용한 개인 맞춤형 경험

현재는 아티스트의 AI 복제본이 팬들에게 인사하는 것에 대해 많은 사람이 거부감을 가지고 있다. 나 역시 마찬가지이다. 하지만 나는 AI를 아티스트를 '복제'하는 수단으로만 생각하지 않는다. IP의 확장과 전달 방식을 혁신하는 도구로 AI가 쓰일 수 있다고 본다.

예를 들어볼까? 회사가 일방적으로 디자인한 굿즈를 팬들이 구입하는 것이 아니라, AI가 팬 개개인의 취향을 분석하여 맞춤형 굿즈를 제안하는 거다. 팬이 좋아하는 색깔, 스타일, 심지어는 좋아하는 아티스트의 특정 표정까지 반영하여 디자인된 굿즈가 개인 맞춤형 상품으로 생산되는 기다. 이러한 경험은 팬들에게 더 큰 만족감을 줄 수도 있다. 이런 것이 바로 IP 확장의 새로운 방향이라고 생각한다.

모든 전략의 본질은
매력적인 1차 IP

AI나 블록체인 같은 신기술을 활용한 IP 확장 전략은 매우 흥미롭다. 하지만 그 어떤 전략을 펼치든, 나는 '1차 아티스트 IP' 자체가 매력적이고 인기가 있어야 한다는 본질을 항상 놓치지 않으려 한다. 아티스트가 매력적이지 않은데 누가 그들의 굿즈를 사고 싶어 할까?

레고를 좋아하는 사람들이 수많은 부품들을 가지고 자유롭게 조립하며 즐기지만, 가장 중요한 것은 그 부품들 자체가 튼튼하고 흥미로워야 하는 것처럼, 아티스트의 매력은 그 어떤 기술로도 대체할 수 없는 IP 확장 전략의 가장 근본적인 핵심이다. 따라서 나는 복잡한 비스니스 모넬을 구상하면서노, 가상 기본적인 부분, 즉 아티스트의 역량 강화와 매력 발산에 가장 많은 노력을 기울이고 있다. 결국 팬들이 아티스트에게 빠져들고, 그들의 매력을 알아주는 것에서 모든 것이 시작되기 때문이다.

글로벌 팬덤을 위한 MD
해답은 '내 취향'이 아니라 '그들의 문화'에 있다

글로벌 팬덤, 그들의 취향을 이해하는 것부터

글로벌 팬덤을 위한 MD 전략을 수립할 때, 가장 먼저 깨달아야 할 것은 내 기준이 아닌 '그들의 기준'에서 생각해야 한다는 점이다. 개인적으로는 아무리 좋아하는 아티스트라도 얼굴이 크게 박힌 티셔츠는 선호하지 않는다. 오히려 팬들끼리만 알아볼 수 있는 은은한 로고나 상징이 담긴 티셔츠가 훨씬 쿨하다고 생각한다. 하지만 미국 굿즈 회사들과 이야기해보면, 서양 팬들은 아티스트의 초상이 선명하고 크게 프린트된 굿즈를 선호하는 경향이 있다고 한다. 물론 이 글을 읽는 미국인이 "전혀 아닌데?"라고 반박할 수도 있겠지만, 그만큼 문화권에 따라 소비되는 굿즈의 스타일은 분명히 다르다.

내가 볼 때는 이게 팔릴까? 싶은 제품도, 담당자가 최근 해외 아티스트들의 판매 데이터를 보여주면 그 데이터의 힘을 납득할 수밖에 없는 경우가 많다. 글로벌 MD 전략은 다양한 문화권과 취향에 대한 깊은 이해를 기반으로 해야 한다. 내가 그 문화권의 소비자가 아니기에, 그들이 선호하는 굿즈라고 하면 이해하지 못하는 상품일지라도 전문가들의 목소리를 최대한 신뢰하고 받아들이는 유연한 자세가 항상 필요하다.

현실적인 난관:
배송, 통관, 그리고 현지화

글로벌 MD 전략에는 디자인과 취향의 문제를 넘어 현실적인 난관들이 존재한다.

첫째, 배송 및 통관 문제. 각 나라마다 통관 규제

가 다르고, 배송 비용이 천차만별이다. 특히 남미나 유럽 일부 지역은 배송비가 배보다 배꼽이 더 큰 경우가 많아 팬들의 구매 접근성을 떨어뜨린다. 이 문제를 해결하기 위해 현지 물류 파트너십을 맺거나, 여러 국가에 거점을 둔 글로벌 물류 회사를 이용하는 방안을 모색해야 한다.

둘째, 국가별 선호 상품의 차이. 앞서 언급했듯이, 문화권마다 선호하는 굿즈의 종류가 다르다. 일본 팬들은 아크릴 스탠드나 키링 같은 아기자기한 굿즈를 선호하는 반면, 미국 팬들은 티셔츠나 후드티 같은 의류를 더 좋아한다. 이러한 차이를 고려하여 지역별로 차별화된 상품군을 기획하고 판매해야 한다.

셋째, 결제 및 구매 접근성. 해외 팬들은 국내 팬들과 다른 결제 시스템을 사용한다. 결제 시스템의 한계로 구매를 포기하는 팬들이 많아지면 수익으로 연결되지 않을 것이다. 페이팔이나 해외 신용카드 등 다양한 결제 수단을 도입하고, 현지 언어로 된 온라인 스토어를 구축하여 구매 접근성을 높여야 한다.

굿즈는 팬들과의 관계를 구축하는 과정이다. 팬들은 굿즈를 소비하면서 소속감과 유대감을 느끼고 싶어 한다. 따라서 굿즈는 그 매개체가 되어야 한다. MD 전략이라는 것은 결국 브랜드의 진정성을 보여주는 길이다. 현지 팬들의 문화를 이해하고, 그들의 어려움을 해결해주려는 노력은 팬들에게 깊은 감동을 준다. 팬들을 존중하고 문화를 배려하는 태도가 장기적인 팬덤 성장의 원동력이 된다.

각국의 팬들이 불편함 없이 굿즈를 구매하고, 그 상품을 통해 아티스트에 대한 애정을 표현할 수 있을 때, 진정한 의미의 글로벌 팬덤이 형성될 수 있다. 팬덤은 아티스트와 함께 성장하는 공동체이며, MD는 그 공동체의 유대감을 강화하는 도구이기 때문이다.

PART 4

글로벌
K-POP

해외 시장 분석과 타게팅

월드투어와 해외 프로모션

지속 가능한 K-POP

나의 A&R 철학

기획, A&R의 본질을 꿰뚫다

해외 시장 분석과 타게팅

글로벌 팬덤 데이터 분석
넘쳐나는 데이터 속에서 진짜 팬심을 찾는 법

해답이 아닌
참고서

지금은 데이터의 시대다. 팬들의 모든 행동과 반응은 데이터로 수집되고 분석된다. 하지만 나는 데이터가 모든 것을 말해주지는 않는다고 생각한다. 데이터는 과거의 결과에 대한 해석일 뿐이다. 미래를 예측해줄 수는 있지만, 그 예측이 빗나갔을 때조차도 그 결과를 또 다른 데이터로 합리화할 수 있는 함정을 가지고 있다. 세상에 아직 드러나지 않은, 잠재된 무언가는 데이터가 말해줄 수 없다.

그럼에도 나 역시 추세를 파악하는 데는 데이터를 활용한다. 과거 유튜브가 처음 등장했을 때, 그 지표들은 굉장히 중요했다. 전 세계의 모든 음악 콘텐츠가 '계급장 떼고' 싸울 수 있는 평평한 시장이 처음 열렸으니까. 싸이의 〈강남스타일〉이 전 세계적인 성공을 거둘 수 있었던 것도 바로 이 유튜브 플랫폼 덕분이었다고 믿는다.

하지만 지금의 유튜브와 SNS는 너무나 교란되어 있다. 진짜 유행이 아닌데도 진짜처럼 보이게 만드는 가짜 바이럴이 판을 치는 시장이 되어버렸다. 그래서 나는 데이터를 그 자체로 맹신하지 않고, 손과 뇌를 써서 의미 있는 정보를 발라내는 작업을 한다.

진짜 팬덤을 찾아내는
데이터 필터링

앞으로는 봇[Bot]이나 AI를 활용한 조작된 데이터가 더욱 많이 등장할 것이다. 우리는 이제 데이터 그 자체를 믿을 수 없는 시대에 서 있다. 따라서 데이터를 다시 한번 걸러내고, 더 깊이 있는 해석을 제공하는 전문가나 업체들의 역할이 중요해질 것이다.

글로벌 시장을 타게팅할 때도 마찬가지다. 나는 '미국에서 K-POP 관심도가 높다'는 표면적인 데이터만 보지 않는다. 더 깊이 파고들어, 어떤 그룹의 어떤 음악이 유독 인기가 많은지, 팬덤의 규모는 어느 정도인지, 그리고 그들의 연령대나 성향은 어떤지를 분석한다. 이 과정에서 유의미한 데이터를 골라내는 작업은 필수적이다.

겉으로 보이는 조회수나 좋아요 수치에 속지 않고, 해당 영상의 시청 지속 시간, 댓글의 내용과 언어, 그리고 실제 굿즈나 앨범 구매로 이어지는지 등 다양한 경로의 데이터를 종합적으로 분석한다. AI가 만들어낸 가짜 반응과 진짜 팬들의 진심을 구분하는 것이다. 이러한 데이터 필터링 작업을 통해 우리는 잠재력이 있는 새로운 시장을 발견하고, 그 시장에 맞는 맞춤형 전략을 수립할 수 있다.

데이터는 이제 단순한 수치가 아니라, 우리가 더 깊이 고민하고 탐구해야 할 대상이 되었다. 앞으로 엔터테인먼트 산업에서는 데이터를 맹신하는 것보다, 데이터를 요리할 줄 아는 인사이트를 가진 사람들이 더욱 중요해질 거라고 생각한다.

국가별 맞춤형 프로모션
현지 문화에 동화되기 vs 고유의 정체성 고수하기

두 개의 메뉴판 전략

해외 프로모션을 진행할 때 '두 개의 메뉴판'을 가지고 간다. 하나는 K-POP 고유의 정체성이 담긴 메뉴판, 다른 하나는 현지 문화에 맞춘 메뉴판이다. 다시 말해, 우리는 유연성을 바탕으로 상황에 따라 두 가지 전략을 모두 사용한다.

이러한 유연성은 K-POP이 전 세계적으로 성공할 수 있었던 가장 큰 강점 중 하나라고 생각한다. 다른 나라의 콘텐츠 제작자들과 달리, 우리는 끊임없이 변화하는 글로벌 트렌드를 빠르게 읽고 적용하는 데 탁월한 '눈치'를 가지고 있다.

과거 보아와 동방신기가 일본에 처음 진출했을 때는 무조건 일본어를 배우고 완벽하게 현지화된 노래를 불러야 했다. 일본 대중에게 K-POP이라는 새로운 장르를 소개하고 친숙하게 만들어야 했기 때문이다. 하지만 빅뱅을 비롯한 K-POP 아티스트들이 전 세계적인 인기를 얻으면서 분위기가 바뀌었다. '일본어만으로 노래하는 것보다 한국어를 섞는 것이 더 힙하다'는 인식이 생겨난 것이다. K-POP이 하나의 거대한 문화 현상이 되면서, 그 자체의 정체성이 매력으로 작용한 결과다.

K-POP의 유연성

나는 변화의 흐름을 읽고 '어떤 메뉴판을 먼저 내밀어야 하는가'를 결정하는 것이 중요하다고 생각한다.

아직 K-POP에 익숙하지 않은 시장이나, 특정

국가의 정서에 깊이 침투하고 싶을 때 현지화된 프로모션은 매우 효과적이다. 현지 유명 아티스트와의 협업, 그 나라의 정서에 맞는 컨셉이나 가사를 활용한 곡 제작, 그리고 현지 예능 프로그램 출연 등은 새로운 팬층을 확보하고 대중적 인지도를 높이는 데 도움이 된다.

K-POP이 이미 강력한 팬덤을 형성한 시장에서는 오히려 가장 K-POP스러운 것을 보여주는 것이 더 큰 변별력을 가질 수 있다. 화려하고 절도 있는 군무, 독특한 세계관, 그리고 멤버들의 유기적인 케미스트리는 K-POP만이 가진 고유한 매력이기 때문이다.

이처럼 유연한 대응 능력이 바로 대한민국 엔터테인먼트의 힘이라고 생각한다. 우리는 어떤 문화권의 대중이 K-POP에 대한 어떤 기대를 가지고 있는지 빠르게 파악하고, 그에 맞춰 현지화와 정체성 유지라는 두 가지 전략을 능숙하게 오갈 수 있다.

해외 유명 프로듀서 및 작곡가와의 협업
K-POP이 글로벌 음악 시장과 진정한 문화적 교류를 할 수 있는 방법

자본주의와
음악적 가치 사이

K-POP이 해외 시장에서 하나의 장르로 인정받고 산업적으로 큰 성공을 거두면서, 해외 유명 프로듀서들도 이제 한국 아티스트들과 협업하는 것이 일반적인 일이 되었다. 당연하게도 그들도 자본주의의 논리로 움직이기에, 과거에는 K-POP에 관심이 없었지만 이제는 서로의 니즈만 맞는다면 얼마든지 함께 작업할 수 있게 되었다. 이러한 협업에는 일반적인 예상보다 훨씬 더 큰 비용이 들곤 한다.

원론적으로 해외 유명 프로듀서와의 협업은 한국 프로듀서들이 채워줄 수 없었던 팝 음악의 최신 트렌드를 이식하거나, 아티스트의 음악적 스펙트럼을 넓히기 위함일 것이다. 하지만 현실적으로는 그들의 이름이 가진 태그와 급을 활용하여 아티스트의 가치를 높이려는 목적도 크다. 나는 이것을 부정적으로 보지 않는다. K-POP이 너무 우리만의 '순혈주의'에 갇혀서는 안 된다고 생각하기 때문이다. 큰 비용을 지불하더라도 해외 전문가들과 케미스트리를 만들고, 문화적으로 닫혀있지 않고 교류하는 것은 매우 중요하다고 믿는다.

K-POP이 해외에서 성공을 거두면서 현지 아티스트나 산업 관계자들에게도 수익이 돌아가는 선순환 구조를 만들지 않으면, 언젠가는 그들도 K-POP에 등을 돌릴 것이다. 해외 협업은 음악적 결과물을 얻는 것을 넘어, 이러한 상생의 관계를 구축하는 중요한 단계라고 생각한다.

낭만적인 협업의 가능성
이달의 소녀와 Grimes

대부분의 협업은 철저히 비즈니스적으로 이루어지지만, 때로는 예상치 못한 낭만으로 시작되기도 한다. 내가 이달의 소녀를 기획하던 시절, 해외에서 매우 유명한 아티스트인 그라임스^{Grimes}의 피처링을 받았던 경험이 있다. 당시 많은 분들이 어떻게 그 협업이 성사되었는지 궁금해했는데, 사실 어떤 비즈니스적인 거래나 금전적인 오고 감이 전혀 없었다. 만약 금전적으로 환산했다면 최소 10만 달러 이상이었을 거다.

당시 나도 Grimes의 음악을 좋아하고 있었는데, 어느 날 그녀가 자신의 플레이리스트를 공개했고, 거기에 이달의 소녀 노래가 포함되어 있는 것을 우연히 발견했다. 그래서 용기를 내어 직접 DM을 보냈고, 그렇게 협업이 성사되었다. 당시 이달의 소녀의 위상이 지금처럼 대단한 것도 아니었는데, 정말 낭만적인 피처링이었다고 생각한다. 이 경험을 통해 나는 진심을 담은 음악은 국경을 넘어 통한다는 것을 다시 한번 느꼈다. 물론 이런 사례는 매우 드물겠지만 말이다.

해외 유명 프로듀서와의 협업은 '돈'으로 살 수 있는 음악적 가치와 '진정성'으로 얻을 수 있는 문화적 교류라는 두 가지 측면을 모두 고려해야 한다. 자본주의 논리로 협업을 추진하면서도, 동시에 K-POP 아티스트들의 음악이 그들의 진정한 팬들을 만들어내고, 낭만적인 관계를 형성할 수 있는 가능성까지 열어두는 것. 이것이 내가 해외 협업을 바라보는 관점이다.

월드투어와
해외 프로모션

해외 공연 기획 및 운영 노하우
해외 투어 기획 직접 제작해야 하는 이유

멀리서 피어나는 판타지를 현실로

월드 투어는 단순히 공연을 넘어, 글로벌 팬들에게 멀리서 피어나는 판타지를 직접 경험하게 하는 중요한 기회다. 해외 팬들은 K-POP 아티스트를 마치 우리가 아리아나 그란데나 저스틴 비버의 음악을 듣는 것처럼 느낄 거다. 그들에게 K-POP 아티스트는 자국 아티스트가 아니지만, 음악과 콘텐츠를 통해 강한 친밀감을 느끼게 된다. 월드 투어는 바로 이 감정적 교감을 오프라인에서 직접 채워주는 행위다.

나는 아티스트의 뮤직비디오와 앨범을 들으며 느꼈던 감정들을 해외 콘서트를 통해 완벽하게 재현하고 싶다. 단순한 라이브 공연이 아니라, 팬들이 상상했던 무대를 현실로 옮겨놓는 경험을 선사하는 것이다. 이러한 목표를 위해 모드하우스는 설립 초기부터 해외 공연들을 자체적으로 제작했다. 일반적으로 우리 정도 규모의 회사는 해외 투어의 복잡한 절차와 큰 금전적 리스크 때문에 외부 업체에 맡기는 것이 일반적이지만 나는 모드하우스가 '콘서트를 잘하는 집단'이 되길 바랐고, 그를 위해서는 우리가 직접 모든 과정을 통제해야 한다고 생각했다.

내재화의
어려움과 가치

해외 공연을 자체 제작하는 것은 결코 쉽지 않다. 대규모 공연장 섭외부터 현지 스태프와의 협업, 보안 및 안전 관리, 그리고 팬 이벤트 기획까지, 모든 것을 직접 챙겨야 한다. 이 과정에서 좌충우돌했던 부분도 분명히 있었다. 하지만 이러한 어려움에도 불구하고, 자체 제작을 통해 얻는 가치가 훨씬 크다고 생각한다.

외부 업체에 맡기면 우리의 의도가 온전히 반영되지 않을 수 있다. 모든 과정을 내부에서 직접 기획하고 실행하면, 밴드 멤버 선성부터 부대 농선, 조명, 영상 콘텐츠 하나하나까지 우리의 의도와 철학이 담긴 공연을 만들 수 있다.

매번 외부 업체에 의존하면 그들의 노하우에 종속될 수밖에 없다. 하지만 직접 부딪히며 경험하면, 해외 공연 기획 및 운영에 대한 실질적인 노하우가 회사 내부에 쌓이게 된다. 이는 장기적으로 회사의 경쟁력을 높이는 중요한 자산이 될 것이다.

또 직접 기획하기 때문에, 팬들이 진정으로 원하는 것이 무엇인지 더 깊이 고민하고 반영할 수 있다. 예를 들어 팬 이벤트나 굿즈 판매 방식을 현지 문화에 맞게 유연하게 조정하는 것도 가능해진다.

성공적인 월드 투어는 스케줄 관리를 넘어 아티스트와 팬덤의 정서적 교감을 깊이 이해하고, 이를 무대 위에 완벽하게 구현하려는 제작자의 진정성에서 시작된다고 생각한다.

글로벌 미디어 프로모션
아티스트를 낯선 해외 미디어에 알릴 때, 'K-POP'이라는 이유만으로 주목받을 수 있을까

'진짜 뉴스'를 제공하는 법

해외 각 나라마다 수많은 미디어 매체가 있고, 특히 미국만 보더라도 유명 매체들은 이미 수많은 아티스트들의 러브콜을 받고 있어 콧대가 높을 수밖에 없다. 현지 미디어와 연결해주는 네트워크 회사의 도움을 받는 것도 중요하겠지만 그보다 더 중요한 것은 '그들이 관심을 가질 만한 뉴스'를 우리 아티스트가 먼저 가지고 있어야 한다는 것이다.

지금의 K-POP은 더 이상 마이너한 장르가 아니다. 해외 매체들도 K-POP에 대한 이해도가 매우 높다. 그렇기 때문에 '우리 그룹이 K-POP 그룹입니다' 라고 접근하는 것은 더 이상 통하지 않는다. '진짜 뉴스'를 가지고 접근해야 한다. 그냥 K-POP이라고 다 실어주지도 않을뿐더러, 뉴스가 될 만한 이야기가 아닌데 기사로 다뤄달라고 부탁하는 것 또한 의미가 없다.

해외 유력 매체들을 설득하기 위해서는, 그들이 흥미를 느낄 만한 새롭고 신선한 이야기를 제공해야 한다. 예를 들어 '신곡 발매'가 아니라 '팬들의 투표로 탄생한 유닛의 데뷔' 같은 흥미로운 스토리가 있어야 한다. 이러한 접근은 국내 미디어와 해외 미디어 모두에게 통용되는 방식이다.

전략적이고, 때로는 비즈니스적으로

해외 미디어 프로모션은 그룹을 홍보하는 것을 넘어, 아티스트의 브랜드 가치를 높이는 전략적인 작업이다.

해외 매체들은 아티스트의 음악뿐만 아니라, 그들의 배경, 세계관, 그리고 팬덤 문화에 큰 관심을 가진다. 이 점을 활용히여, 아티스트가 가진 독특한 서사와 컨셉을 스토리로 풀어내고, 이를 인터뷰나 기사를 통해 심도 있게 전달할 수 있어야 한다.

미국의 〈빌보드〉나 영국의 〈NME〉 같은 유명 매체들은 자신들만의 고유한 콘텐츠 형식을 가지고 있다. 그들의 스타일과 포맷을 분석하여, 그들에게 맞는 영상 콘텐츠나 인터뷰 형식을 제안할 수도 있을 것이다. 매체에게 우리와 함께하면 좋은 콘텐츠를 만들 수 있다는 신뢰를 주는 것이다.

때로는 비용을 들여 매체와 협업하거나, 광고를 집행하는 비즈니스적인 접근도 필요하다. 하지만 이 역시 돈을 지불하는 것을 넘어, 매체가 원하는 가치를 제공하는 방향으로 기획해야 한다. 아티스트의 홍보와 동시에 매체의 구독자들에게 흥미로운 콘텐츠를 제공함으로써 서로 윈윈하는 관계를 구축하는 것이 중요하다.

글로벌 미디어 프로모션의 핵심은 '우리 아티스트에게 왜 관심을 가져야 하는가'에 대한 명확한 답을 제시하는 것이다. 단순히 K-POP 그룹이라는 사실만으로는 부족하다. 그들이 기사로 쓰고 싶어 할 만큼 매력적이고, 신선하며, 흥미로운 스토리를 먼저 가지고 있어야만 한다.

온라인 콘서트와 팬미팅
왜 오프라인 콘서트의 감동을 완벽하게 대체할 수 없을까

변하지 않는 것과
변화하는 것

팬데믹은 많은 것을 바꾸어놓았지만, 동시에 변하지 않는 것들을 더욱 분명하게 해주었다. 팬데믹을 통해 온라인 콘서트 시장이 활성화되고 시스템화되었지만, 온라인이 오프라인 콘서트를 완벽하게 대체할 수 없다는 사실도 함께 확인되었다.

실제 콘서트에서는 아티스트를 코앞에서 볼 수 없을지라도 팬들은 현장의 열기, 함께 노래하는 사람들의 목소리, 그리고 그 공간 전체를 감싸는 독특한 에너지를 느낄 수 있다. 아무리 고화질로 송출해도 온라인 콘서트는 이러한 실재의 경험을 재현할 수 없다.

아티스트가 멀리 있는 팬들을 직접 만날 수 없다면, 우리는 어떤 방식으로 그들에게 다가가야 할까? 기술은 계속 발전하지만, 그 기술은 결국 수단일 뿐이다. 중요한 것은 그 기술을 활용해 아티스트의 본질적인 매력과 감각을 어떻게 더 선명하고 뚜렷하게 팬들과 교류하게 할 수 있을까 하는 점이다.

온라인 콘서트, 버추얼 아이돌의 이상적인 영역

오프라인 콘서트의 한계를 극복하는 것은 온라인 콘서트의 숙제이자, 어쩌면 버추얼 아이돌의 이상적인 영역일 수도 있다. 버추얼 아이돌은 물리적인 제약 없이 전 세계 팬들과 실시간으로 소통하고, 홀로그램이나 AR 기술을 활용한 공연으로 시공간을 초월하는 경험을 제공할 수 있다. 이처럼 온라인 콘서트가 가상과 현실의 경계를 허무는 새로운 시도들의 발판이 될 수 있다고 생각한다.

아이돌의 온라인 콘서트 역시 나름의 의미와 활용 가치를 가진다. 온라인 콘서트는 전 세계 팬들이 동시에 공연을 관람하고 소통할 수 있는 기회를 제공한다. 물리적 거리 때문에 오프라인 콘서트에 참여할 수 없었던 팬들에게 매우 중요한 경험이다.

하지만 온라인 콘서트는 오프라인 콘서트를 대체하는 것이 아니라 보완하는 역할을 할 것이다. 오프라인 콘서트가 주는 압도적인 현장감과 경험을 온라인으로 완벽히 옮길 수는 없지만, 온라인 콘서트만이 제공할 수 있는 접근성과 상호작용을 통해 글로벌 팬심을 사로잡을 수 있는 거다.

지속 가능한
K-POP

K-POP의 현재와 미래 트렌드 예측
K-POP이 전 세계를 사로잡은 진짜 이유

음악을 넘어선 캐릭터 산업

나는 K-POP을 단순히 음악 장르로만 해석하면 그 현재의 현상을 온전히 이해할 수 없다고 생각한다. K-POP은 팝을 중심으로 전 세계의 트렌디한 장르와 사운드를 녹여 만든 음악적 용광로와 같지만, 사실 그 음악들을 이용해 도달한 곳은 바로 K-POP 아티스트들의 '캐릭터'다. 그리고 이 캐릭터를 성공시키기 위한 한국 특유의 조직적인 팬덤 문화가 있었기에 지금의 성공이 가능했다. 특유의 점수 따기 방식을 통해 빌보드와 같은 해외 유명 차트를 공략하면서, K-POP은 하나의 실체화된 현상으로 자리 잡게 되었다.

싸이의 〈강남스타일〉은 대단한 현상이었지만, 모두가 원 히트 원더로 치부할 수밖에 없었다. 하지만 방탄소년단과 블랙핑크의 성공은 K-POP이라는 장르를 전 세계에 규격화했다는 점에서 큰 의미가 있다. 불과 10년 남짓한 시간 동안, K-POP은 외국 음악을 모방한다는 콤플렉스를 완전히 벗어던지고 독자적인 문화로 인정받게 되었다.

서사와
내러티브의 강화

K-POP이 앞으로도 지속적으로 세계적인 인기를 누리기 위해서는 캐릭터 산업으로서의 접근을 더욱 강화해야 한다. 좋은 음악과 화려한 퍼포먼스를 넘어, 더 풍부한 서사와 더 정교한 내러티브가 필요하다. 다른 나라의 음악이 음악 그 자체로 끝나는 것과 근본적으로 다른 K-POP만의 강점이기 때문이다.

넷플릭스에 공개되어 음악 차트까지 휩쓸고 있

는 〈케이팝 데몬 헌터스〉라는 작품은 이러한 K-POP의 본질을 잘 보여준다. 이 작품이 미국 작품인지 한국 작품인지에 대한 논쟁은 있을 수 있지만, 결국 K-POP이라는 장르와 소재를 '캐릭터와 내러티브'로 이해했다는 점에서 매우 탁월하다고 생각한다. 외부의 시선으로도 K-POP은 이미 음악을 넘어선 이야기와 캐릭터의 집합체로 인식되고 있는 것이다.

나는 앞으로 K-POP이 팬덤의 규모를 키우는 것을 넘어, 아티스트 한 명 한 명의 서사를 더 깊이 있게 구축하고, 팬들이 그 서사에 참여하며 즐길 수 있는 환경을 만들어야 한다고 생각한다. 음악은 여전히 가장 중요한 수단이지만, 팬들을 끌어당기는 것은 아티스트의 고유한 캐릭터와 그들이 만들어가는 이야기다.

지속 가능한 성장을 위한 고민
일부 최정상급 아이돌만 수익을 내는 K-POP 산업 구조

탑티어 아래의
고민

K-POP이 국제적인 규격과 경쟁하면서 제도 개선 및 아티스트 보호 정책이 비약적으로 발전했다고 생각한다. 아직 갈 길이 멀지만 과거에 비하면 놀라운 변화가 있었다. 하지만 나는 이 성장에 안주하지 않고, 특히 수익 분배에 대한 더 깊은 고민이 필요하다고 본다. 최정상급 아이돌 그룹은 연간 수십억 원을 벌어들일 수 있는 구조가 되었지만, 그 아래 티어의 아티스트들은 여전히 현실적인 수익 모델에 대한 갈증을 느끼고 있다.

이 문제를 해결하지 않으면 K-POP 산업 전체

의 지속 가능한 성장은 어렵다고 생각한다. 소수의 성공에만 의존하는 구조는 많은 아티스트들에게 좌절감을 안겨주고, 산업의 다양성과 창의성을 저해할 수 있다. 그래서 모든 아티스트가 자신의 노력에 대한 정당한 보상을 받을 수 있는 새롭고 진취적인 수익 분배 모델이 필요하다고 믿는다.

캐릭터 중심 비즈니스 모델의 고도화

나는 지금의 아이돌이 '자신이라는 캐릭터'를 팔고 있다고 생각한다. 음악과 퍼포먼스를 통해 팬들을 끌어들이고, 그 팬들은 아티스트의 고유한 캐릭터와 서사에 매료되어 지갑을 열게 된다. 따라서 이 '캐릭터 소비'에서 발생하는 수익을 어떻게 아티스트에게 공정하게 분배할 것인가에 대한 고민이 필요하다.

그 답이 꼭 우리 모드하우스가 시도하는 오브젝트 같은 디지털 굿즈 모델이 아닐 수도 있다. 하지만 나는 캐릭터 중심의 비즈니스 모델을 끊임없이 고민해야 하고, 그곳에서 발생하는 수익을 아티스트에게 직접적으로 분배하는 시스템이 구축되어야 한다고 믿는다.

자신의 노력과 활동이 직접적인 수익으로 이어진다는 것을 체감하면 아티스트는 더 큰 동기 부여를 얻을 수 있다. 회사나 성공을 위한 활동이 아니라, 자신의 가치를 스스로 높이는 활동이 되는 것이다. 팬들도 자신이 지출한 비용이 아티스트에게 직접적인 보상으로 돌아가는 것을 확인함으로써, 팬과 아티스트, 회사가 함께 성장하는 선순환 구조를 만들 수 있다.

K-POP이 단기적인 성공에 안주하지 않고 장기적으로 안정적인 성장을 이어가기 위해서는 소수의 스타뿐만 아니라 산업 전체를 아우르는 구조적인 혁신이 필요하다. 특히 아티스트의 가장 큰 자산인 '캐릭터'를 활용한 수익 모델을 고도화하고, 그 수익을 공정하게 분배하는 것이야말로 K-POP의 지속 가능성을 담보하는 가장 중요한 과제라고 생각한다.

신기술 도입과 인재 양성
K-POP에 유입된 AI, 메타버스 같은 첨단 기술

오타쿠와
AI의 만남

K-POP이 글로벌한 관심을 받으면서 지난 10년간 다양한 분야의 인재들이 물밀듯이 유입되었다. 과거에는 박봉과 고된 업무로 기피되던 엔터테인먼트 산업이 이제는 연봉 체계도 비약적으로 발전하며, 미래에 대한 확신을 가진 인재들이 모이는 곳이 되었다. 때로는 '와, 저런 사람이 엔터 일을 해?'라고 놀랄 만큼 뛰어난 인재의 유입도 흔해졌다.

하지만 나는 이러한 변화 속에서 오히려 '오타쿠'들이 더 많이 들어와야 한다고 생각한다. 물론 AI, NFT, 메타버스 같은 분야의 전문성을 갖춘 똑똑한 인재들이 필요한 것은 당연하다. 그리고 그런 사람들은 이미 알아서 K-POP 산업에 접근하고 있다. 그런데 K-POP이 외형적으로 멋있고 사회적으로 인정받는 산업이 되면서, 오히려 방구석 오타쿠들이 직업으로서 진입하기 어려워지고 있는 것은 아닌지 걱정이 된다. 회사들이 서울대, 명문대, 유학생 출신 같은 소위 스펙 좋은 인재들만 선호하다 보니, 진정한 덕후들이 소외되고 있는 것은 아닐까?

나는 수많은 콘텐츠를 방구석에서 소비하고, 자신만의 꿈을 키워왔던 이들이 세상을 바꿀 것이라고 믿는다. 꿈을 꾸는 것을 좋아하지만, 사회적 기준에선 소외받았을지 모르는 사람들이 더 많이 유입되어야 한다고 생각한다. 이들이야말로 팬덤의 심리를 가장 잘 이해하고, 기술을 단순히 도구로만 보지 않고 팬심을 연결하는 수단으로 활용할 수 있는 사람들이라고 확신한다.

덕후의
힘

우리는 K-POP에 신기술을 접목하며 이 철학을 실천하고 있다. 모드하우스의 오브젝트(NFT) 모델은 디지털 굿즈를 판매하는 것을 넘어, 팬들의 행동을 기록하고 보상하는 시스템을 구축한다. 기술 전문가와 덕후의 시선이 결합되어 탄생한 결과물이다. 앞으로는 AI가 팬 개개인의 취향에 맞는 맞춤형 콘텐츠를 추천하거나, 메타버스 공간에서 아티스트와 팬이 더욱 몰입감 있게 소통하는 기술이 필요하게 될지도 모른다. 이런 기술들을 개발하고 적용하는 데 필요한 인재는 코딩을 잘하는 사람이 아니라, '어떻게 하면 팬들의 마음을 사로잡을 수 있을까'를 끊임없이 고민하는 사람들이어야 한다. 기술은 수단일 뿐이고, 결국 K-POP 산업을 이끄는 것은 사람과 사람의 마음이니까.

나의
A&R 철학

내가 A&R 프로듀서가 되기까지
이미 원하는 대로 음악을 만들고 있었던 A&R 프로듀서가 굳이 회사를 차려야겠다고 결심한 이유

성공과 실패, 그리고 모드하우스의 탄생

나는 성공이나 성취에 굳이 큰 의미를 두려 하지 않는다. 자잘하고 단편적인 성공들은 그날을 기분 좋게 해주지만, 그러한 기분에 취하거나 벗어나지 못하게 될까 봐 오히려 강박을 느낀다. 하지만 내 커리어에서 가장 기억에 남는 순간을 꼽으라면, 단연코 모드하우스라는 회사를 만들기로 결심한 순간이다.

사실 '대표'라는 자리가 내 인생의 목표는 아니었다. 심지어 엔터테인먼트 회사를 차리고 싶은 생각도 없었다. 그전에도 나는 적당히 즐기면서, 내가 원하는 권한을 갖고 음악을 만들고 있었다. 게다가 내 회사가 아니니 실패에 대한 리스크는 최대한 회피할 수 있었다. 그런데도 회사를 차려야겠다고 마음먹은 이유는 단 하나였다. 시금까지 존재하지 않았던 엔터테인먼트의 구조로 세상을 바꾸고 싶었기 때문이다.

"왜 아무도 듣지 않는 CD라는 매체를 고수하고 있는가?

왜 팬들의 기여가 커뮤니티 안에서 그들을 증명하는 구조로 만들어지지 않는가?

왜 수많은 아이돌은 돈을 벌어가지 못하는가?"

이런 수많은 질문에 대한 답을 찾고, 그 구조를 바꾸고 싶었다. 그리고 그것을 현실로 만들려면, 제삼자처럼 관망하거나 예측만 할 것이 아니라 내가 직접 회사를 만들어 증명하는 수밖에 없었다. 세상을 바꾸겠다는 결심을 실행에 옮긴 그 순간이 바로 내게 가장 기억에 남는 순간이었다.

비참함을
숨기는 이유

물론 내 여정에는 성공보다 실패의 경험이 훨씬 많다. 매일 크고 작은 전투를 치르면서 좌절을 맛보고, 나의 부족함과 무기력함 때문에 절망할 때도 많다. 하지만 나는 그런 감정을 겉으로 드러내거나 입 밖으로 내지 않으려 노력한다. 실패를 구체적으로 이야기하면, 그 경험에 내가 갇혀버릴 것 같은 두려움이 있다.

나는 실패를 비참하게 여기지 않는다. 수많은 과거의 실패들이 모여 지금의 나를 더욱 정교하게 만들어준다고 생각한다. 크고 작은 실수가 쌓여 나라는 사람을 완성해나가는 거다. 그래서 이 책에서도 실패 사례에 대해 명확하게 밝히지 않는 이유는, 사례가 없어서가 아니라 그 사례에 내가 갇히고 싶지 않기 때문이다. 모든 실패는 나라는 사람의 일부가 되어 나를 성장시키는 밑거름이 될 뿐, 내 발목을 잡는 '사건'으로 남겨두고 싶지 않다.

성공적인 아티스트의 조건
내가 생각하는 '진정한 재능'은 사실 따로 있다

고민하지 않는 재능

사람들은 흔히 재능형 아티스트와 노력형 아티스트 중 누가 더 성공에 가깝냐고 묻곤 한다. 그리고 노력의 중요성을 강조하며 노력형에 더 큰 의미를 부여하려는 경향이 있다. 하지만 나에게는 이 질문에 대한 나만의 답이 있다. 내가 생각하는 아티스트의 진짜 재능은 '고민하지 않는 것'에 있다.

치열한 고민이 불필요하다는 뜻은 아니다. 하지만 과도한 고민에 빠져 자신을 괴롭히고, 앞으로 나아가는 최선의 길을 놓치는 경우를 너무나 많이 봤다. 아이돌이든, 자신의 음악을 직접 만드는 싱어송라이터든 마찬가지다. 고민은 최대한 짧게, 그리고 노력과 실행에 더 집중하는 이들이 자신을 소모하지 않고 오히려 더 좋은 결과를 만들어낸다. 방송에 나가서 순발력 있게 재치 있는 멘트를 던지는 아티스트들도 대부분 깊은 고민 없이 본능적인 영역에서 반응하는 경우가 많다.

이것은 타고난 성격의 문제가 아니라, 자신을 괴롭히는 무의미한 고민에서 벗어나 에너지를 행동으로 전환하는 능력이라고 생각한다. 이러한 재능을 가진 아티스트는 불필요한 감정 소모 없이 앞으로 나아갈 수 있다.

나를 정의하는 용기

성공의 정의는 사람마다 다르다. 하지만 내가 생각하는 '성공적인 아티스트'는 남의 기준이 아닌, 자신만의 성공 기준을 만들 줄 아는 사람이다. 매일 세상이 던지는 성공의 잣대에 휘둘리며 힘들어하는 대신, 스스로의 가치를 정의하고, 그 기준에 따라 자신의 길을 묵묵히 걸어가는 용기가 필요하다.

음반 판매량이나 차트 순위 같은 객관적인 시쇼가 성공의 전부라고 생각하면, 그 기준에 미치지 못할 때마다 좌절할 수밖에 없다. 하지만 '나는 팬들에게 위로와 기쁨을 주는 음악을 만드는 사람'이라는 자신만의 기준을 가지고 있다면, 수치에 상관없이 자신의 활동에 의미를 부여하고 만족할 수 있다.

자신만의 기준을 가진 아티스트는 외부의 평가에 쉽게 흔들리지 않고, 오랫동안 꾸준히 자신의 길을 걸어갈 수 있다. 이러한 내면의 단단함이야말로 성공적인 아티스트가 되기 위한 가장 중요한 자질이라고 믿는다.

미래의 A&R 전문가들에게
20여 년 경험의 A&R 프로듀서가 후배들에게 건네는 조언

A&R, 나의 정체성이자 자랑

나는 지금도 대표, 제작자, 프로듀서라는 말보다 A&R이라는 말이 더 좋고 자랑스럽다. K-POP 산업이 내수 시장 음악이었던 시절부터 시작해, 지금은 전 세계 팬들에게 사랑받는 거대한 문화가 된 이 여정에 A&R로서 함께했다는 것에 감사와 자부심을 느낀다.

A&R은 단순히 아티스트를 발굴하고 관리하는 것을 넘어, 그들의 음악적 방향성을 제시하고, 대중과 소통할 수 있는 접점을 만들어내는 역할을 한다. 이를 위해서는 끊임없이 보고, 듣고, 경험해야 한다. 콘

텐츠를 토할 때까지 먹어보라. 영감은 그냥 떨어지는 것이 아니다. 영감이 무르익고 떨어지기를 바란다면, 수없이 많은 콘텐츠를 흡수하며 나 자신을 풍성하게 만들어야 한다. 나무 밑에서 사과가 떨어지길 기다리는 것이 아니라, 스스로 나무를 흔들어 사과를 떨어뜨릴 수 있는 사람이 되어야 한다.

내 말에
반박하라

콘텐츠를 통해 떠오른 영감을 기획으로 구체화하는 방법은 각자 다를 것이다. 내가 이 책에서 이야기한 방법들은 오직 나의 경험에서 나온 것일 뿐, 이것이 유일한 정답은 아니다. 나는 후배들이 내 이야기를 보면서 '반박하고 의문을 가지면서' 자신만의 방법을 찾기를 진심으로 바란다.

"저 아저씨는 이제 나이가 많아서 저렇게 틀에 박힌 얘기만 하고 있는데, 나는 새로운 기획의 방법을 개척하겠다." 이런 생각을 하고 자신의 길을 찾아나서는 것, 그것이 바로 맞는 길이라고 확신한다. 모든 기획자와 아티스트는 각자의 고유한 시선과 철학을 가져야 한다. 내 방법이 정답이라고 고집하는 순간, 나는 과거에 갇히게 되고 여러분의 성장을 가로막는 존재가 될 것이다.

K-POP의 미래는 기존의 틀을 깨고 새로운 시도를 두려워하지 않는 용감한 A&R 전문가들에게 달려 있다. 여러분만의 방식으로 콘텐츠를 해석하고, 자신만의 철학을 담아 기획하며, 세상에 없던 새로운 아티스트와 문화를 만들어주길 바란다. 내가 그랬던 것처럼, 여러분도 K-POP의 역사를 새롭게 써나갈 수 있을 것이다.

기획,
A&R의 본질을
꿰뚫다

A&R, 나의 첫 번째 기획
망설이지 않고 '질문'하는 기획자의 태도

나의 직업인 A&R은 기획과 떼려야 뗄 수 없는 관계다. A&R은 '가수와 앨범의 컨셉을 만드는 사람'이라고 정의할 수 있는데, 현대 음악 산업에서 기획은 성패를 좌우하는 핵심 요소가 되었다. 멜로디와 가사만 좋다고 성공하는 시대가 아니기 때문이다.

A&R은 원래 미국에서 인터넷이 없던 시절, 전국을 돌며 재능 있는 아티스트를 발굴하고 그들의 컨셉과 레퍼토리를 다듬어주는 역할에서 시작되었다. 일종의 헤드헌터이자 원석을 세공하는 장인에 가까웠던 것이다. 자연스럽게 아티스트를 가장 잘 이해하는 사람이 되어 그들의 앨범 방향까지 결정하게 되었다.

나는 한국에서 A&R의 역사를 만들고 싶었다. 18

살, 무작정 어머니께 앨범 제작비를 받아 첫 번째 기획에 뛰어들었다. 당시 H.O.T.가 신드롬을 일으키자, 댄스를 이기려면 밴드밖에 없다는 역발상으로 밴드를 제작하기 시작했다. 동네 친구들과 고등학생 밴드부를 모아 첫 팀을 결성하고 쇼케이스까지 진행했지만, 결과적으로는 망했다.

영상과 편지를 들고 무작정 기획사 문을 두드렸고, 운 좋게 미팅 기회까지 얻었다. 하지만 패기만 넘치던 어린 나는 어른들 앞에서 건방을 떨었고, 결국 계약은 불발되었다. 그렇게 나의 첫 아티스트는 연기처럼 사라졌다.

기획은 고통의 연속, 그러나 그것이 힘이 된다

어린 나이에 큰돈을 써서 무언가를 만들어 본 경험은 값진 것이었다. 하지만 정말 중요한 배움은 맨땅에 헤딩하는 처절함과 용기였다. 사람들은 기획을 멋진 사무실에서 커피를 마시다 번뜩이는 아이디어가 떠오르는 일이라고 생각할지도 모른다. 하지만 18살 이후 지금까지, 나에게 그런 유레카의 순간은 단 한 번도 없었다. 기획은 그저 힘들고, 잔인하고, 끝없이 무언가를 짜내는 과정의 연속이었다.

세상이 나에게 아무런 기회도 주지 않았던 시절, 나는 오직 머릿속의 상상만으로 제 기획을 갈고닦았다. 기회가 오면 반드시 홈런을 치겠다는 절박함으로. 오른손잡이인 내가 왼손으로 글씨를 써보려 노력했던 것처럼, 남들과 다른 생각을 하기 위해 처절하게 몸부림쳤다. 다른 것에 대한 끝없는 목마름, 그것이 내 기획의 근간이다.

작은 질문에서 시작되는 거대한 기획

절박함은 놀라운 능력을 발휘하게 한다. 평소에는 보이지 않던 아이디어가 불쑥 튀어나오기도 한다.

하지만 이런 창의적인 과정은 늘 괴롭다. 그래서 평소에 생각하는 연습이 필요하다. 거창할 필요는 없다.

올여름 내가 기획하고 싶은 영화 제목을 지어보거나, 새로운 아이돌 그룹 이름을 작명해보는 거다. 처음엔 유치하고 촌스러울 수 있지만 괜찮다. 그저 머리를 말랑말랑하게 만드는 과정이니까. 이렇게 가벼운 마음으로 시작하면 자연스럽게 그룹 멤버들의 성격과 캐릭터, 배경 이야기까지 만들게 된다.

모든 기획은 결국 질문에서 시작된다. 어떻게 하면 망하지 않을 회사를 만들 수 있을까? 미래의 엔터테인먼트 산업은 어떻게 변할까? 이런 질문들은 또다시 새로운 질문으로 이어지며 아이디어를 정교하게 다듬는다.

모드하우스, 리스크를 감당하는 기획의 실행

프리랜서로 성공적인 커리어를 보냈지만, 결국

내 의견대로 끝까지 밀고 나갈 수 없었던 프로젝트들 때문에 직접 회사를 차리기로 결심했다. 아티스트 기획보다 어떤 회사를 만들어야 살아남을 수 있을까에 몰입했다.

그리고 이렇게 질문했다. 내가 신이리면, 엔터테인먼트 산업을 어떻게 바꿀 것인가?

모드하우스는 '디지털과 피지컬이 결합된 새로운 포토카드'라는 아이디어에서 시작되었다. K-POP 팬덤의 소비 문화를 이끌어낼 수 있는 비즈니스 모델이라고 생각했다. 이달의 소녀를 통해 멤버를 한 명씩 공개하며 성장 과정을 보여주는 경험이 있었기에, 모드하우스도 공식 데뷔 전부터 이 포토카드를 판매하고 멤버들의 데일리 콘텐츠를 유튜브에 올리기로 했다.

기획은 재밌지만, 실행은 돈이 든다. '날것 그대로의 연습 과정을 보여주자'는 기획은 수십 명의 연습생을 각각 따로 관리해야 하는 막대한 비용으로 이어졌다. 하지만 리스크 없는 기획은 없다. 특히 재미있는 기획은 남들이 시도하지 않았던 것이기에 반드시 리스크가 따른다. 우리는 이 리스크를 경험의 정교함으로 채워나가야 한다. 이달의 소녀를 통해 쌓은 경험이 있었기에 모드하우스를 현실로 만들 수 있었다.

    세상이 나의 기획을 믿어주지 않는다고 상처받지 마라. 작은 기획부터 시작해 작은 실행을 거쳐 증명해 보이면 된다. 화려한 크리에이티브 디렉터가 되고 싶다면, 그저 작은 자리에서 실행을 통해 결과를 만들고, 그 경험으로 커리어를 직접 기획해나가야 한다.

감각과 기획
우연을 만드는 힘

좋은 기획과 아이디어는 감각에서 나온다. 좋은 감각이 없다면 좋은 기획은 불가능에 가깝다. 여기서 말하는 감각은 단순히 세련된 것을 넘어, 진정으로 가치 있는, 클래식이 될 만한 것을 구별해내는 능력을 의미한다. 타고나는 재능도 있겠지만, 우리 같은 평범한 사람들은 끊임없이 연습해야만 얻을 수 있다.

다양한 경험으로
감각의 토대를 쌓다

감각을 키우는 가장 좋은 방법은 최대한 많이 경험하는 것이다. 학창 시절 나는 시간을 때우기 위해 만화방에서 아무 구분 없이 책을 읽었다. 그때는 몰랐지만, 그 경험이 한쪽에 치우치지 않은 다양한 감각을 기르는 훈련이 되었다.

세상에는 '죽기 전에 봐야 할 영화 100선' 같은 수많은 리스트가 있다. 만약 학생이라면, BBC가 선정한 21세기 최고의 영화 100개를 순서대로 보는 건 어떨까? 모든 영화를 볼 필요는 없고 10개씩 끊어 그중 끌리는 영화 한 편씩만 보며 왜 끌렸는지를 한 줄로 기록해보는 거다. 이 연습은 자신이 무의식적으로 이끌리는 지점을 발견하고, 그것을 자신만의 언어로 묘사하는 힘을 길러줄 것이다.

감각은 단순히 지식을 쌓는 공부가 아니다. 뉴욕타임스가 선정한 100대 소설, NME가 선정한 100대 앨범 등 다양한 콘텐츠를 접하며 토하고 토할 만큼 많은 것을 경험해야만 한다. 이처럼 꾸준히 축적된 나만의 데이터베이스는 결국 직관으로 이어진다.

직관과 이성:
균형 잡힌 기획의 두 축

 직관은 설명하기 어려운 '촉'과도 같다. 이 음악 뜰 것 같은데? 이 영화 대박 날 것 같아! 같은 느낌이다. 이는 수많은 감각이 동원되어 만들어진 나만의 데이터에서 나온다. 직관이 정교해질수록 기획은 더욱 날카로워진다.

 하지만 직관만으로는 부족하다. 직관적인 결정이 항상 옳은 것은 아니기 때문이다. 위험하고 나쁜 사람에게 끌리면서도, 결국 믿음직한 사람을 선택하는 것처럼, 기획에도 이성적인 판단이 반드시 필요하다.

 어렸을 적 나는 오직 감각만 믿고 설쳤지만, 결국 내 기획을 현실로 만들어준 것은 이성적인 논리였다. 머릿속의 상상을 논리적으로 다듬고 사람들에게 설득하는 힘이 있어야만 기회가 주어진다. 108명의 걸그룹을 구상하는 상상은 자유롭지만, 그 기획을 실행하려면 이성적인 사고로 설득해야 한다.

준비된 우연이
기회를 만든다

나는 인생에 수십만 번의 기회가 찾아온다고 믿는다. 그리고 그 기회는 대부분 우연의 모습을 하고 찾아온다. 내가 스무 살에 당대 최고의 프로듀서였던 박근태 님을 만난 것도 우연이었다. 그분이 내가 PC통신에 썼던 글을 보고 연락을 주신 것이다.

그 후 나는 박근태 프로듀서님과 일하며 수많은 기획을 실전에 적용했다. 어떤 기획이 성공하고 실패하는지를 직접 경험하며 나의 감각을 다듬어갔다.

지금도 나는 준비된 우연을 좋아한다. 일본 츠타야 서점에서 무작위로 집어 든 책, 우연히 들은 플레이리스트 속에서 아이디어를 얻는다. 많이 읽고, 많이 즐기면서 기다리다 보면 기획은 결국 떠오르게 되어 있다. 그러니 일상 속에서 감각을 벼리는 연습을 멈추지 말 것.

EPILOGUE
기획하는 인간으로 살아가기: 괴로움을 즐기는 법

솔직하게 고백하건대, 기획하는 과정은 늘 괴롭다. 이미 쌓아둔 기획안들은 끊임없이 변하는 세상에서 더 이상 정답이 될 수 없지만, 이런 현실 속에서도 우리가 할 수 있는 최선은 스스로에게 끊임없이 생각할 거리를 던져주는 것이다.

나 역시 귀찮은 걸 싫어하는 사람으로서, 모든 것에 '왜?'라는 질문을 던지며 사는 건 피곤한 일이다.

삶은 지루하다. 그래서 우리는 재미와 도파민을 찾아 헤맨다. 하지만 삶에 일부러 제약을 걸면 지루함이 사라진다. 마치 시험 기간에 모든 콘텐츠가 재밌어지는 것처럼. 하루 동안 인터넷을 끊고 책만 읽으며 10대 소녀의 마음을 사로잡을 만한 문장을 찾아보거나, 하루 종일 프랑스 음악만 들으며 K-POP에 적용할 만한 요소를 찾아보는 것이다. 이런 제약은 목적 없는 괴로움이 될 수 있지만, 거기에 명확한 미션을 부여하면 해볼 만한 도전이 된다.

기획은 결코 자유 속에서 탄생하지 않는다. 오히려 자유롭지 않은 한계 속에서 새로운 의미를 찾는다. 스스로에게 제약과 미션을 던져주는 하루는 지루할 틈 없이 바빠진다.

몇 달을 고민해 마침표를 찍는 거창한 기획도 있지만, 나는 하루 단위의 작은 기획을 매일 실천하며 살아간다. 기획은 늘 성공하는 것이 아니다. 직관과 이성을 충돌시키며 성공 확률을 높이려 애쓰지만, 대부분의 기획 실험은 실패로 끝난다. 그리고 그 실패는 경험으로 쌓이기보다 상처로 남는 경우가 더 많다.

하지만 그 상처는 '다시는 실패하고 싶지 않다'는 의지의 원천이 된다. 어제의 성공이 오늘의 성공을 보장하지 않듯, 좋은 기획은 매번 새롭게 태어나야 한다. 이 책을 통해 기획을 잘 아는 사람처럼 이야기했지만, 단 하나 확실한 것은 기획은 늘 괴롭다는 사실이다.

그러나 그 괴로움을 잊기 위해서는 더 많은 콘텐츠를 흡수하고, 유통기한이 지난 생각과 새로운 기획을 구분할 수 있는 직관과 감각을 끊임없이 갈고닦아야 한다.

기회는 당신에게도, 나에게도 매번 찾아올 것이다. 하지만 진정한 기획자는 기회가 아닌 것도 기회로 만들 줄 아는 사람이라고 생각하며 나는 오늘을 살아간다.

KI신서 13803
기획의 감각

1판 1쇄 인쇄 2025년 9월 24일
1판 1쇄 발행 2025년 10월 15일

지은이 정병기(Jaden Jeong)
펴낸이 김영곤
펴낸곳 ㈜북이십일 21세기북스

인생명강팀장 윤서진 **인생명강팀** 박강민 유현기 황보주향 심세미 이현지 이수진
디자인 김희림
영업팀 정지은 한충희 장철용 강경남 황성진 김도연 이민재
제작팀 이영민 권경민

출판등록 2000년 5월 6일 제1406-2003-061호
주소 (10881) 경기도 파주시 회동길 201(문발동)
대표전화 031-955-2100 **팩스** 031-955-2151 **이메일** book21@book21.co.kr

㈜북이십일 경계를 허무는 콘텐츠 리더
———————————————————————————
21세기북스 채널에서 도서 정보와 다양한 영상자료, 이벤트를 만나세요!
페이스북 facebook.com/jiinpill21   포스트 post.naver.com/21c_editors
인스타그램 instagram.com/jiinpill21 홈페이지 www.book21.com
유튜브 youtube.com/book21pub

서울대 가지 않아도 들을 수 있는 **명강의**! 〈서가명강〉
'서가명강'에서는 〈서가명강〉과 〈인생명강〉을 함께 만날 수 있습니다.
유튜브, 네이버, 팟캐스트에서 '서가명강'을 검색해보세요!

ⓒ 정병기, 2025
ISBN 979-11-7357-513-6 (03320)

- 이 책 내용의 일부 또는 전부를 재사용하려면 반드시 ㈜북이십일의 동의를 얻어야 합니다.
- 잘못 만들어진 책은 구입하신 서점에서 교환해드립니다.
- 책값은 뒤표지에 있습니다.

삶의 나침반이 되어주는 이야기가 필요할 때 **21세기북스**

김덕진, 김아람 저

「적게 일하고 많이 버는 AI 워커스」

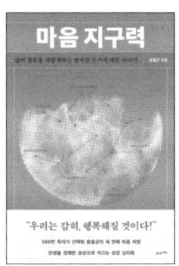

윤홍균 저

「마음 지구력」

유혜주, 조정연 저

「우리는 사랑 안에 살고 있다」

남디디 저

「내일도 흔들릴 나에게」

김규남 저

「기어코 반짝일 너에게」